죽음 앞에서 영생을 맛보며

이재록 목사

이재록 목사 신앙간증 1

죽음 앞에서 영생을 맛보며

이재록 목사

우림

펴내는 글

많은 영혼을 구원하는
전도 책자가 되길 바라며

　저의 삶을 책으로 엮어 소중한 선교의 도구로 사용하시는 아버지 하나님께 모든 감사와 영광을 돌립니다.

　저의 첫 번째 간증수기 『죽음 앞에서 영생을 맛보며』가 발간된 지 어언 30년이 흘렀습니다. 교회를 개척한 후, 하나님께서는 저의 신앙여정을 책자로 엮도록 주관하셨습니다.
　감사한 것은, 16개 언어로 발간되어 스테디셀러로서 수많은 사람이 이 책자를 읽는 중에 치료받기도 하고 문제를 해결받아 하나님께 영광 돌리고 있다는 사실입니다. 또한 국내외에서 이 책자를 통해 은혜를 받고 교회를 찾아오는 발걸음 또한 꾸준히 이어지고 있습니다.
　사실 7년간의 처절한 병고의 질곡에서 벗어나 주의 종이 되어 오늘에 이르기까지 매 순간이 하나님의 기적이요, 그 숨결이 함께하신 시간의 연속이었습니다.

무신론을 주장하던 저는 죽음 앞에서 치료의 하나님을 만났습니다. 세상 의학이나 약물, 민간요법, 그 무엇으로도 고치지 못한 병을 하나님 앞에 무릎 꿇는 순간, 깨끗이 치료받았지요. 이처럼 놀라운 권능을 체험하고 나니 저는 살아 계신 하나님을 의심할 수가 없었습니다.

이런 하나님을 믿고 기도했을 때 하나님께서는 저에게도 기사와 표적, 권능을 행할 수 있도록 역사하셨습니다. 교회 개척 전부터 각색 병든 이들이 권능에 대한 소문을 듣고 찾아왔습니다. 이러한 권능이 만민중앙교회 부흥의 구심점이 되었습니다.

1982년, 7천 원의 개척 자금으로 10여 평 남짓한 성전에서 13명이 개척 예배를 드렸는데, 지금은 전 세계에 1만 1천여 지·협력교회를 둔 대형 교단으로 성장했습니다. 2000년 이후 본격적으로 해외 각국에서 초대형 연합성회를 열었으며 기도원과 선교원, GCN(세계기독 방송 네트워크) 방송과 국제신학교(MIS), WCDN(세계 기독의사 네트워크)을 세워 민족복음화와 세계 선교에 힘쓰고 있습니다. 현재 9개 언어로 방송을 통해, 62개 언어로 책자를 발간해 땅끝까지 복음을 전하고 있습니다.

이 책자는 제가 하나님을 만나기 전과 하나님을 만난 후 주의 종으로 부름 받아 교회를 개척하고 1980년대 후반까지의 일을 기록한 것입니다. 이후 2007년 후반까지의 내용은 두 번째 간증수기인 『멈추지 않는다』에 자세히 기록되어 있고, 그다음 이야기는 발간 예정인 『성령의 역사』에서 다룰 것입니다.

이는 하나님께서 친히 모든 것을 주관하여 이루셨고, 많은 분의 기도에 의해 제작되었습니다. 그동안 책자가 나오기까지 수고해 주신 빈금선 편집국장과 우림북 직원 여러분께 감사와 사랑의 마음을 전합니다.

이 책자가 창조주 하나님과 예수 그리스도의 사랑과 은혜, 놀라운 권능과 섭리를 밝히는 도구로서 많은 영혼을 구원의 길로 인도할 수 있기를 바라는 마음 간절합니다.

2017. 4. 17.
이재록 목사

차 례

펴내는 글

1부 죽음의 문턱에서

죽는 것이 효도 · 12 / 나 어릴 적에 · 19
몸부림 · 25 / 가는 세월 · 35

2부 기 적

정 · 42 / 병든 몸과 상처난 마음 · 47
모진 목숨 · 54 / 나의 누님 · 62
다시 태어난 생명 · 70

3부 오! 신이시여

새로운 삶 · 84
용서할 수 있게 도와주소서 · 90
나의 갈 길 다 가도록 · 105

4부 연단은 소망을

나는 죄인이었다 · 114
주님의 십자가 · 122
살아 계신 하나님 · 129
할 수 있거든 · 143
개 척 · 153 / 그 릇 · 163

5부 함께하시는 하나님

축복받은 사람들 · 172
주의 음성 · 180
주관자 · 190 / 계시 내용 · 198

6부 소중한 삶

회 상 · 210 / 어 제 · 216
오 늘 · 220 / 내 일 · 223
모든 것에 감사를 · 228

7부 나의 사랑하는 사람아

이 모든 영광을 · 234
그분의 뜻대로 · 240
끝이 없는 세계에서 영원히 · 245

1부

죽음의
문턱에서

'그것이 가장
현명한 길인지도 모르지.
내가 없어진다면 주위 사람들에게
더는 피해를 주는 일이 없을 거야.
잠시는 슬프겠지.
그러나 세월이 지나면 다 잊고
모두 새로운 삶을 찾을 거야.
그래, 깨끗이 이 세상을 하직하자.'

어머니의 통곡을 들으며
죽음을 결심했다.

죽는 것이
효도

어머니의
통곡을 들으며
죽음을 결심했다.

    1972년, 어느덧 계절이 바뀌어 신록의 물결이 온 누리를 덮었다. 바람에 날리는 아카시아 꽃향기가 코끝을 상큼하게 하는 싱그러운 초여름이었다. 그러나 나에게는 모든 것이 아직 한겨울이었다. 육체도 정신도 꽁꽁 얼어붙어 있었다.

    아무리 두꺼운 얼음도 봄이 되면 스르르 녹아 흐르고, 죽은 것 같은 대지에도 새싹이 움터 새 단장을 하건만 아무런 기약도 확신도 없는 나의 겨울은 끝자락이 보이지 않았다. 그날도 나는 온종일 펴 놓은 이부자리에 누워 엉성한 밀창문 너머로 흘러가는 솜털 구름을 바라보았다.

    '어머니의 따스한 품속을 느끼게 하는 구름! 차라리 내가 저

구름이라면 아무런 근심 걱정 없이 바람 따라 유유히 팔도유람을 하며 살아갈 텐데…'

'내 나이 서른, 뜨거운 젊음과 패기가 솟구치는 인생의 황금기에 접어들었건만 병든 육체와 함께 조금씩 자멸하는 모습을 바라보고 있어야만 하다니…'

이젠 눈물도 마르고 치료에 대한 간절한 열망도 식어 버렸다. 그저 살고 싶고 목숨을 연장하고 싶다는 원초적인 욕구만이 지배할 뿐이었다.

누런 창호지로 덮인 창 사이로 바라보이는 파란 하늘이 무척 아름다웠다. 구름을 헤치고 태양이 얼굴을 내밀 때엔 눈이 부셨다. 얼굴에 느껴지는 따사로운 햇살의 감촉을 온몸에 받고 싶었다. 한쪽 벽을 의지하여 간신히 몸을 일으키니 이내 관절에 통증이 왔다. 머리가 어질어질하며 심한 빈혈증세가 나타났지만 답답한 방에서 탈출하고 싶은 충동을 이기지는 못하였다.

화장실에 갈 때마다 사용하는 지팡이를 의지하여 방문을 열고 밖으로 나왔을 때 하마터면 소리를 지를 뻔하였다. 오랜만에 느끼는 시원한 바깥 공기와 햇살의 감촉이 너무나 황홀했기 때문이다. 떨리는 다리를 조심스레 움직여 마당에 내려서니 온몸에 식은땀이 흘러내렸다. 하지만 눈앞에 펼쳐진 넓은 한강을 보니 곧 몸과 마음이 시원해졌다. 모처럼 상쾌한 기분이 되어 크게 심호흡을 해 보았다.

이처럼 하늘이 맑은 날에는 간혹 엿장수의 가위 소리, 장사꾼의 외치는 소리가 들려올 뿐 산동네는 잠들어 있는 듯 조용하다. 모두 한 푼이라도 더 벌기 위해 공사장으로, 시장으로, 거리로, 일터로 나갔기 때문이다.

금호동 산등성이, 오밀조밀 붙은 블록집과 무허가 건물이 대부분인 이 동네에는 비록 가난한 사람들이 살지만 훈훈한 인정은 남아 있었다. 가끔 얼굴을 내미는 나를 진정으로 안타까워하는 위로의 눈길과 종종 마주칠 수 있었다.

날마다 높은 비탈길을 오르내리며 열심히 살아가는 산동네 사람들…. 무심히 흐르는 한강을 더는 바라볼 수 없었다. 변함없이 흐르는 강물처럼 모두 저마다의 위치에서 하루하루 인생의 탑을 쌓아 가건만 나는 도대체 무엇을 하고 있단 말인가. 앞으로 어떻게 살아가야 하는가! 마음이 어지럽고 몸도 피곤하여 기다시피 방으로 들어왔다.

후텁지근한 방 안에는 늘 이불을 펴 놓아서 그런지 매캐한 냄새와 부뚜막에 올려놓은 약 냄새가 섞여 진동했다. 나의 유일한 안식처이자, 피난처인 자리에 누워 있은 지 얼마나 지났을까. 누군가 문을 두드리는 소리가 들렸다.

아내는 가게에 나갔고 딸아이는 조금 전에 아이들이랑 어울려 놀러 갔는데, 이 시간에 누가 왔을까 싶었다.

"애비야, 나다. 안에 있냐?"

'아니, 어머니가 웬일이시지? 칠십이 되신 어머니가 오시기엔 무척 힘든 길인데….'

방 안에 들어오신 어머니는 퀭한 눈에 광대뼈가 앙상한 내 얼굴과 어수선한 집 안 살림을 아무 말 없이 한참 둘러보셨다.

"어머니, 이쪽으로 앉으세요."

어머니는 그렁그렁한 눈물을 참느라고 애를 쓰시더니 결국 참지 못하고 왈칵 울음을 터뜨리셨다. 이어 손으로 방바닥을 치며 통곡하기 시작하셨다.

"이놈아, 차라리 죽어라, 죽어! 이렇게 너 고생하고 처자식 고생시키고 에미 가슴에 못 박는 짓 하느니 죽는 것이 효도다. 효도란 말이여… 효도오…. 아이고, 아이고…."

어머니의 통곡은 멈출 줄 몰랐다. 나는 분명히 읽을 수 있었다. 어머니 말씀이 진정인 것을…. 오죽하면 아들이 죽는 것이 낫다고 했을까마는 나는 큰 충격을 받았다. 어안이 벙벙한 채 어머니 우시는 모습을 물끄러미 쳐다보았다.

'쉽지 않은 발걸음을 하신 어머니가 돌봐 주는 이도 없이 덩그러니 누워 있는 아들에게 다짜고짜 죽으라고 하시다니…. 어떻게 그럴 수 있단 말인가!'

한없이 서운한 생각이 밀려와 나 역시 흘러내리는 눈물을 주체할 수 없었다. 칠십 평생을 오직 남편과 자식들을 뒷바라지

하며 헌신하신 어머니. 농촌에서 궂은일을 마다 않고 일을 낙으로 살아오신 어머니. 내가 병으로 고생하는 것을 누구보다 안타깝게 여기고 백방으로 약을 마련해 주시던 어머니가 아닌가.

그런데 어머니마저 이제 아들로 인한 고통을 감수하길 원치 않으시다니, 내 슬픔은 이루 말할 수 없었다. 고랑처럼 깊이 패인 주름, 무거운 쇳덩이가 누르는 듯 축 처진 어깨, 더 줄어들 수 없을 만큼 자그마한 어머니의 체구는 나를 더욱 슬프게 했다.

나의 처절함과 비통함은 어머니의 아픔보다 더하면 더했지 덜하진 않았다. 꼬박꼬박 월세를 내야 하는 무허가 블록집 단칸방에 유일한 가구인 화장대, 한쪽 벽에 쌓아 놓은 이부자리와 나무를 깎아 만든 지팡이, 약 찌꺼기가 남은 사발과 가짓수도 알 수 없는 약봉지가 나를 더욱 비참하게 만들었다.

'그래, 죽어 버리자. 그것이 가장 현명한 길인지도 모르지. 내가 없어진다면 주위 사람들에게 더는 피해를 주는 일이 없을 거야. 잠시는 슬프겠지. 그러나 세월이 지나면 다 잊고 모두 새로운 삶을 찾을 거야. 그래, 깨끗이 이 세상을 하직하자.' 어머니의 통곡을 들으며 죽음을 결심했다.

어머니를 더는 바라볼 수 없어 고개를 돌려 창밖을 보았다. 세상은 내가 죽어가는 것을 아는지 모르는지…. 아무 일도 없다는 듯이 고요하다 못해 적막하기까지 하다. 울고 있는 내 마음과는 달리 햇살은 어찌 그리 밝고 아름다운지….

그런데 어느 순간, 죽음을 결심한 내 마음 깊은 곳에서 알 수 없는 생명에 대한 간절한 욕망이 꿈틀거렸다.

'아! 살고 싶다. 정말 살고 싶다…. 왜 나는 젊은 나이에 삶을 접어야 하는가? 왜 사람답게 살아 보지 못하고 꿈도 펼쳐 보지 못한 채 죽어야 하는가?'

제대로 살아 보지도 못하고 죽어야 한다는 것이 억울했다. 조금 전에 가졌던 죽음에 대한 생각이 한순간에 달라지는 것을 느꼈다. 어디서 오는 것일까? 가슴 깊은 곳에서 살아야 한다는, 살고 싶다는 열망이 솟아올랐다.

'나는 젊은데! 아직 죽기엔 너무 이른데. 이렇게 가족에게 고통만 준 채 죽을 수는 없어. 살아야 해. 그래서 그들에게 진 빚을 모두 갚아야 한다. 병을 이겨야 한다. 꼭 이기고 말 것이다.'

죽음과 삶에 대한 생각이 교차하는 동안 나는 지나온 삶을 되돌아보았다. 정말 죽을 수밖에 없는 상황도 아니고, 꼭 죽어야만 하는 것도 아닌데 나는 죽으려고 한 경험이 있다.

이 세상에는 삶과 죽음이 무엇이며 왜 살아야 하는지 알지 못한 채 살다가 쉽게 죽음을 택하는 사람들이 있다. 자신이 꿈꾸던 목표가 좌절되었을 때에 자포자기하여 죽음을 택하는 것은 생명의 존엄성을 모르는 까닭이다.

사업에 실패하여 목숨을 버리는 사람, 대학입시에 낙방했다고 죽는 사람, 시험 성적이 좋지 못하여 부모님에게 야단맞을까 봐 죽는 학생들…. 이처럼 자기 뜻대로 되지 않는다고 쉽게 삶을 포기하는 사건을 우리는 매스컴을 통해 자주 접한다.

또한 사랑이라는 미명 아래 죽음을 택하는 사람도 종종 있다. 이룰 수 없는 사랑에 절망하여 죽는 사람들, 사랑하는 사람으로부터 배신당하여, 또는 사랑하는 사람이 먼저 세상을 떠났기에 뒤따라 죽음을 택하는 사람…. 마치 이성과의 사랑이 없으면 삶의 가치가 없는 것인 양 죽음을 택하는 것을 볼 수 있다.

그러나 병원에 가 보면 살고자 하여도 어쩔 수 없이 죽어 가는 사람이 얼마나 많은가. 갑작스러운 사고나 질병 때문에 죽음을 눈앞에 둔 사람은 얼마나 삶을 애타게 소망하며 갈구하는가.

방바닥을 치며 통곡하는 어머니의 목소리가 조금씩 잦아들었다. 하늘은 여전히 우윳빛 구름으로 수를 놓고 있었다. 아무 걱정 없이 즐겁게 뛰놀던 어릴 적 추억이 눈앞에 아른거렸다. 내 마음은 건강하고 아름답던 그 시절로 바람처럼 달려가고 있었다.

아! 아름다운 날들이여! 사랑받던 날들이여….

나
어 릴 적 에

내 마음대로
산으로 들로 다니며
뛰놀던 어린 시절은 이젠
추억으로만 남아야 하는가

내가 어린 시절에 살던 곳은 경치가 아름답고 물이 맑기로 유명한 전남 장성이다. 노령산맥 줄기 끝자락에 있어 수려한 산이 병풍처럼 둘린 곳이었다.

예로부터 장성은 조선 시대를 풍미한 체통 있는 선비정신이 곳곳에 스민 곳으로 알려져 있다. 그래서인지 다른 지방에 비해 젊은이나 노인이나 할 것 없이 한복을 입고 다니는 사람이 꽤 많았다. 선비 고장답게 시대의 변화를 좇기보다 옛것을 고수하는 성향이 강하고, 예의범절을 매우 중시했다.

아버지 역시 한학에 능하여 풍류를 즐기는 호걸풍의 선비였다. 일제 시대에는 일본을 오가며 여러 사업을 하셨으나, 해방이 된 후에는 사업을 중단하고 조용히 칩거할 장소를 물색하셨다고 한다. 아버지가 선택한 곳이 바로 장성이었다.

전남 무안에 살던 우리 가족은 내가 세 살 되던 해에 장성으로 이사했다. 나는 무안에서 태어났지만 어린 시절의 주 무대였던 장성을 고향처럼 여기며 살았다. 우리 가족이 뿌리 내리고 산 곳은 장성군 남면 분향리 마을이다. 이곳은 천 씨가 아니면 발붙이지 못한다는 꽤나 배타적인 지역인데도 아버지는 그곳에 밭을 일구고 집을 지어 정착하셨다.

어린 시절, 내가 기억하는 아버지는 세상과 접촉을 끊고 주로 집 안에서 독서를 즐겨하는 분이었다. 손님들이 자주 찾아왔는데 그럴 때면 으레 술상을 앞에 놓고 시조를 읊거나 한학을 겨루시곤 했다. 그러다 어느 날 갑자기 유랑을 떠나 오랫동안 집을 비우시곤 했다. 이처럼 아버지가 집안 살림에는 크게 관심이 없으시니 3남 3녀나 되는 자녀와 집안 살림을 어머니가 도맡아 많은 고생을 하셔야 했다.

막내인 나는 사랑을 많이 받으며 자랐다. 아버지는 내가 다섯 살 때부터 천자문을 가르쳐 주며 자주 역사적인 사건이나 영웅호걸들의 이야기를 재미있게 들려주셨다. 나는 그 이야기를 들으며 많은 꿈을 갖게 되었고 이다음에 자라서 훌륭한 사람이 되어야겠다고 다짐했다.

초등학교에 들어간 후에는 아버지께서 도의원, 국회의원, 대통령 등의 선거 유세장에 데리고 다니셨다. 이런 추억들이 어느덧 내 마음속에 장차 나라를 위해 훌륭한 국회의원이 되리라는 꿈을 자리 잡도록 만들어 주었다.

나는 어릴 때부터 만들기를 워낙 좋아하고 손재주가 있는 편이어서 주위의 부러움을 사곤 했다. 어느 날, 아버지 곁에 앉아 새총을 만들기 위해 탱자나무 가지를 칼로 깎고 있을 때였다. 손님 한 분이 기침 소리를 내며 아버지를 찾아오셨는데 나를 유심히 바라보셨다.

"고 녀석, 손재주가 보통이 아닌 걸."

내가 만든 새총을 집어 들고 이리저리 살펴보더니 주머니에서 돈을 꺼내셨다.

"이거 내가 삼세. 돈 여기 있네."

아버지는 당황한 나에게 인자한 웃음을 보이시며 돈을 받으라는 뜻으로 고개를 끄덕였다. 그 후로 가끔 내가 만든 장난감은 본의 아니게 팔려 나갔다.

초등학교에 입학하기 전에 이미 형과 누나들을 통해 구구단을 외우고 한글을 깨우친 탓인지, 학교 수업에는 그다지 재미를 붙이지 못하였다. 친구들과 노는 것이 훨씬 더 즐거웠다. 병정놀이, 씨름, 발차기 등 과격한 놀이를 즐겨 했는데, 내가 반드시 앞장서야 직성이 풀렸다. 힘이 또래 아이들보다 센 편이고 승부욕도 유난히 강하여 싸움에 지고는 속이 편치 못했다.

강건한 체질인데도 나는 여러 가지 보약을 먹으며 자랐다. 그래서인지 '장사' 또는 '고릴라'라는 별명이 붙었다. 어려운 시대에 보약을 먹으며 자라기는 쉬운 일이 아니다. 그런데도 내가 보약을 먹을 수 있었던 것은 그만큼 나에게 쏟는 부모님의 애정이 각별했기 때문이다.

지금도 뚜렷이 떠오르는 추억이 있다. 어머니가 나를 더욱 귀여워하시게 된 계기라 볼 수 있는데, 다섯 살 때의 일이다.

추수철이라 모두 밭에 나가고 나 혼자 집을 지켰다. 앞마당에 고추를 널어놓았는데 갑자기 하늘이 컴컴해지면서 금방이라도 빗방울이 떨어질 것만 같았다.

나는 어린 나이지만 고추가 비를 맞으면 안 된다는 생각이 들었다. 고사리 같은 손으로 주섬주섬 고추를 걷었다. 밭에서 일하다가 후두두 내리쏟아지는 비에 놀라 집으로 뛰어오던 어머니는 이 광경을 보고 몹시 흐뭇해하셨다.

"우리 재록이가 다 컸군, 다 컸어. 이렇게 고추도 걷을 줄 알고. 어이구 내 새끼, 기특하기도 해라."

사랑이 가득 담긴 눈길로 내 머리를 쓰다듬고 엉덩이를 두드리시던 어머니 모습이 지금도 눈에 선하다. 마음 씀이 남다른 아들이라 눈에 넣어도 아프지 않을 만큼 귀히 여기셨다고 한다.

가끔 어머니 손을 잡고 내가 나들이를 할 때면 장기를 두거나 담소를 나누던 동네 어른들이 덕담으로 한마디씩 하셨다.

"고 녀석, 참 똘똘하게 생겼네. 크면 한자리하겠어."

"관상을 보아 하니 큰 인물이 될 것 같으니 아이 잘 키우슈."

어머니는 그런 말을 들을 때마다 몹시 흐뭇해하며 나를 더욱 사랑해 주셨다.

어느 날, 밤늦은 시간에 어머니가 목욕을 한 후 하얀 치마저고리로 갈아입으셨다. 깜짝 놀란 나는 나들이 가는 줄 알고 따라 나서겠다고 졸랐다.

"엄마, 저도 가고 싶어요."

"재록아, 엄마는 나들이를 가는 게 아니야. 우리 막내아들하고 형, 누나 모두 건강하게 잘 자라 훌륭한 사람이 되게 해 달라고 칠성님께 빌러 가는 것이란다. 넌 어서 자거라."

그날 나는 어머니가 뒤뜰 장독대에서 치성드리는 모습을 지켜볼 수 있었다. 정화수 한 그릇을 떠 놓고 쉼 없이 손바닥을 비벼대던 어머니! 비록 어린 나이지만 나를 위해 그토록 정성을 쏟는다고 생각하니 한없이 고마웠다.

이렇게 나를 사랑하고 아껴 주시던 어머니가 아닌가. 그런 어머니가 죽는 것이 효도라고 말씀하시다니…. 한없이 서러운 생각이 꼬리를 물었다. 내 마음대로 산으로 들로 다니며 뛰놀던 어린 시절은 이젠 추억으로만 남아야 하는가!

어머니가 밤마다 칠성님께 빌었는데 어찌하여 나에게 남은 건 가난과 병든 육체뿐인가! 병든 내 몸이 저주스럽도록 미웠다. 왜 남들처럼 건강하지 못하고 이 고통의 터널에서 헤어나지 못하는 걸까? 건강을 자랑하던 내가 병고에 시달리고, 무엇이나 듣는 대로 외우고 본 대로 만들어 똑똑하다 칭찬 듣던 내가 아무 일도 할 수 없는 폐인이 되었으니 이제 어찌해야 하는가!

나는 흐르는 눈물을 닦을 생각도 못한 채 흐느껴 울었다. 얼마나 지났을까? 어머니가 고약한 냄새가 풍기는 약사발을 들고 들어오셨다. 그 모습을 보니 야속한 생각은 사라지고 한없이 불쌍하게만 느껴졌다.

눈에 넣어도 아프지 않을 아들을 살리기 위해 온갖 애를 썼건만 살아날 가망이 보이지 않으니 차라리 죽는 것이 낫다고 생각하셨으리라. 나는 약사발을 받쳐 들고 들이키기 시작했다.

'살아야 한다! 꼭 살아야 한다.'
'오! 아름다운 날들이여, 돌아오라! 다시 돌아오라!'

몸부림

어느덧,
나의 몸부림은
날개가 떨어진 나비처럼
차츰 힘을 잃어갔다.

    비교적 평탄하게 고등학교까지 마치고 대학생활이 시작되었다. 목표한 서울대학교에는 들어가지 못했지만 공과대학으로 유명한 한양대학교에 입학하였다. 얼마 뒤 군대 영장이 나와 재학 중에 입대하게 되었다. 이때까지만 해도 내 인생 스케줄에는 아무런 문제가 없었다.

    험난한 인생의 쓴맛을 경험하기 시작한 것은 제대하면서부터다. 입대하기 전에 지인에게 빌려 준 한 학기분의 등록금을 받지 못해 복학할 수 없게 된 것이다. 군 복무를 하는 동안 빌려 주면 사업하는 데 쓰고 이자까지 준다더니 그 가정이 파탄 지경에 이르러 원금조차 줄 수 없게 되었다.

그뿐만이 아니다. 군 복무를 마칠 무렵, 펜팔로 사귀던 여인이 있었다. 제대 후 자주 만나면서 결혼을 약속했다. 그녀와 함께 학교에 복학할 수 있는 방법을 의논한 끝에 부모님께 유산을 미리 받기로 했다. 지금 생각하면 참 어처구니없는 일이지만, 그 당시에는 너무나 세상 물정을 몰랐다.

나는 시골에 계신 부모님께 내려가 앞으로의 계획을 말씀드리고 유산을 미리 달라고 졸랐다. 사귀던 여인은 바로 지금의 아내인데 우리는 무척 순수한 사랑을 하며 서로를 위해 헌신할 각오가 되어 있었다. 그녀는 내가 계속 공부할 수 있도록 미장원을 경영하고, 나 역시 열심히 공부하여 유학 다녀와서 부모님께 효도할 터이니 배려해 달라고 사정했다.

사랑하는 막내아들이 원대한 포부를 밝히며 간절히 소원하니 부모님은 상당한 액수의 유산을 물려 주셨다. 비록 앞으로는 아무것도 더 주지 않겠다는 조건이 있었지만 하늘을 날듯이 기뻤다.

난생 처음 수중에 큰돈을 쥐고 꿈에 부풀어 서울로 올라왔다. 그러나 기쁨도 잠시, 결혼 승낙을 받기 위해 부모님을 뵈러 간 여인은 만나기로 약속한 날짜에 오지 않았고 다음 날도 그다음 날도 감감무소식이었다. 어찌해야 좋을지 몰라 하루하루 손꼽아 기다리는데 가까운 친척이 나를 찾아왔다.

내가 유산을 물려받은 것을 알고 그 돈으로 무엇을 할 계획이냐고 물었다. 그러면서 담보를 제공받고 큰 이익을 낼 수 있는 곳에 투자해 보라고 권유했다. 미장원을 경영하기로 한 사람은 나타나지 않고 아무 세상 경험이 없는 나로서는 그 친척의 말이 그럴듯해 보여 거기에 투자하기로 했다. 나는 그분을 믿었기에 방 얻을 돈만 제외하고 나머지를 전부 주었다.

그 후 며칠이 지나서야 여인이 나타났는데 집안에서 결혼을 완강하게 반대하여 늦었다며 그간의 사정을 털어놓았다. 결혼 승낙을 받기 위해 울고불고하다가 급기야 약을 먹고 병원에 입원하는 소동까지 벌어졌다는 것이다.

얼마 후 우리에게는 더 큰 시련이 들이닥쳤다. 돈을 불려 주겠다던 친척이 사기를 당하여 그 돈을 다 날린 것이다. 더욱이 그 친척에게도 갚을 능력이 없으니 나까지 사기를 당한 셈이었다. 한없이 비참한 심정이 되어 밥을 먹을 수도, 잠을 이룰 수도 없었다.

눈 뜨고 있어도 코 베어 가는 세상이라는 말이 더없이 실감 났다. 더구나 나를 도와주리라 믿었던 사람이 오히려 앞길을 망쳐 놓았으니 그야말로 믿는 도끼에 발등 찍힌 격이었다. 나는 이런 일을 당하면서 세상을 어떻게 살아야 할지 걱정하지 않을 수 없었다. 그래도 함께할 수 있는 사람이 있기에 조금이나마 위로가 되었다.

1968년, 우리는 신혼의 보금자리를 마련하고 새로운 삶을 설계했다. 나는 아직 나이가 어리고 직장이 안정되어 있지 않았다. 아내는 미장원을 경영해 보지도 못하고 유산을 다 날렸으니 양가에서 축복받기란 쉽지 않았다. 그렇지만 열심히 살면 다 해결될 것이라고 믿었다.

세상에는 역경을 딛고 성공한 사람이 얼마나 많은가. 우리는 사랑으로 이 모든 것을 이겨내어 기필코 성공하리라 마음을 굳게 먹고 새 출발을 하였다. 나는 낮에는 신문사에서 일하고 밤에는 야간 대학에서 공부하기로 했다. 아내는 조그만 미장원을 열어 돈을 벌면서 열심히 살기로 결심했다.

그러던 어느 봄날, 동료들의 성화에 못 이겨 집들이를 하게 되었다. 아침에는 직장 동료들, 점심때에는 학교 친구들, 저녁때에는 시골 친구들을 초대하여 오랜만에 즐거운 시간을 보냈다.

술잔을 주거니 받거니 하는 동안 참으로 흐뭇했다. 결혼을 축하해 주는 친구들과 대화하는 가운데 새로운 삶의 희망이 솟아났다. 이전과는 비교할 수도 없이 엄청난 불행의 그림자가 다가오고 있을 줄은 우리 중 누구도 알지 못했다.

집들이가 무사히 끝나고 통행금지 시간이 가까워질 무렵이었다. '모든 일을 잘 치렀구나.' 하고 안도감이 드는 순간, 갑자기 머리가 어지럽더니 방 안이 빙글빙글 돌기 시작했다. 온몸이 이상해지면서 몸을 가눌 수 없었다.

정신이 오락가락하고 심한 구역질이 나왔다. 온몸이 뒤틀릴 정도로 토하며 심한 고통이 계속됐다. 깜짝 놀란 아내는 약방으로 달려갔다. 급히 약을 구해다가 먹었지만 목구멍으로 넘어가기도 전에 물과 함께 그대로 다 토해 버렸다.

밤새 얼마나 많이 토했던지 창자가 목까지 끌려 나오는 것 같았다. 노란 물까지 나오도록 토했지만 고통은 가라앉지 않았다. 술을 마시고 토사곽란이 일어나기는 난생 처음이었다.

나는 어렸을 때부터 술을 조금씩 마셨다. 장난하다 갈비뼈를 다친 후 약으로 사주(뱀술)를 마시게 되었다. 물론 부모님 앞에서 엄하게 말이다. 그래서인지 아무리 술을 많이 마셔도 취하지 않았다. 늘 술에는 자신이 있다고 자부하였고 주당이라 불릴 정도였다.

친구들을 초대하던 날 마신 술은 독한 위스키였다. 전날 4홉들이 40병을 사 왔고 친구들이 가져온 술도 많았다. 나는 손님을 초대한 주인으로서 술을 사양할 수 없다고 생각했기에 아침부터 밤늦게까지 건네는 술을 다 받아 마셨다. 워낙 단것을 좋아하여 위스키에 설탕을 타서 마셨는데 나중에 보니 내가 마신 술이 다섯 병 정도는 족히 되는 것 같았다.

결국 위장 장애를 일으켰고, 이를 시작으로 온몸에 고장이 생겼다. 독한 술을 그토록 많이 마셨으니 강철인들 남아나겠는가.

아내와 나는 처음부터 가볍게 여긴 건 아니지만 병이 그렇게 심각한 상태로까지 발전할 줄은 미처 몰랐다. 술을 많이 마셔서 그러려니 하고 약국에서 처방하는 약을 계속 먹었지만 회복되지 않았다.

정보에 빠른 기자인지라 좋다는 약을 수소문하여 한약, 양약을 가리지 않고 먹었지만 별다른 효과가 없었다. 심상치 않음을 느낄 수 있었다. 날이 갈수록 소화가 되지 않고 몸은 야위어 갔다. 하는 수 없이 큰 병원에서 진찰받았지만, 위궤양 외에 특별한 병명은 없었고 장기간 치료를 받아도 효과가 나타나지 않았다.

그러는 동안 몸은 더욱 약해져 여러 합병증이 생겨났다. 위궤양, 식욕부진, 체중 감소, 신경성 노이로제, 심한 두통, 악성 빈혈, 축농증, 중이염, 동상, 무좀, 습진, 전신 피부염, 목 임파선염, 류머티즘성 관절염, 그 외에도 병명을 나열할 수 없는 증세가 있었다. 마치 병 백화점 같았다.

머리는 항상 깨질 듯이 아팠으며, 양쪽 귀의 고막이 터져 소리가 제대로 들리지 않고 귀에서 항상 진물이 줄줄 흘렀다. 또한 축농증으로 코가 제 기능을 잃고 기억력도 없어져 무엇 하나 기억하는 것이 쉽지 않으니 정상적인 생활을 할 수 없었다. 그 외에도 갖가지 병으로 인한 고통은 이루 다 표현할 수 없었다.

시골에 계신 아버지가 보다 못해 유명한 한의사에게 나를 데리고 가셨다. 의사는 여러 차례 진맥을 하더니 "살아 있는 것이 기적입니다." 하며 무척 놀라는 것이었다. 나중에 알고 보니 워낙 갑작스럽게 독한 술을 많이 마신 탓에 위장 기능이 거의 마비된 상태였다.

사람이 음식을 섭취하면 위의 원활한 소화 작용을 거쳐 장에서 영양 흡수가 잘되어야 건강을 유지할 수 있다. 아무리 잘 먹어도 소화 흡수가 되지 않으면 건강을 유지하지 못한다. 몸의 각 기관이 약화되고 병에 대한 저항력이 떨어지기 때문이다.

병의 시초는 위장 기능 마비였으나 결국 온몸에 합병증이 생겨 성한 데가 없을 만큼 만신창이가 되었다. 나는 병을 고치기 위해 몸부림쳤다. 실로 처절하고 외로운 투쟁이었다.

그러는 사이에 직장을 그만두지 않을 수 없었고 수입은 없이 지출만 느니 가정 형편이 말이 아니었다. 그렇지만 병과의 싸움에서 질 수는 없었다. 더는 병원에 다닐 만한 형편이 못 되고 낫지도 않으니 다른 방법을 찾아야 했다. 병을 고칠 수 있는 방법이 있다고만 하면 빚을 내서라도 꼭 해 보았다.

"절에 가서 백 일 제사를 드리면 낫는대요."

"무당을 불러다가 굿을 해야 돼."

"보살을 모셔야지요."

"이름을 갈아야 됩니다."

평소 무신론자라고 자처하였건만 병을 고쳐 줄 수 있는 신이라면 무엇이든 섬겼다. 하루는 목욕을 하고 옷을 깨끗이 갈아입은 후 자리에 누웠다. 머리맡에 닭을 잡아다 놓고 병을 가져다주는 귀신을 쫓는 의식을 거행했다.

아내는 칼을 붙잡고 무어라 주문을 외우며 힘을 모았다. 그리고는 비호같이 칼을 날려 닭을 푹 찔렀다. 지금 생각하면 어이없는 행동이지만 심한 병고에 시달려보지 않은 사람은 그 절박함을 실감할 수 없을 것이다.

나는 이를 악물고 살기 위해 발버둥 쳤다. 아내와 어머니도 좋다는 것은 어떻게든 구해다가 나를 먹였다. 지네를 삶아 먹었고 익모초와 옻나무 껍질도 열심히 먹었다. 개 쓸개, 웅담, 뱀술, 그 무엇인들 마다하겠는가?

발병한 지 삼 년이 지나고 나니 다리에도 이상이 생겼다. 무릎이 아프고 걸을 때마다 당겼으며 오래 서 있을 수 없었다. 진찰 결과 류머티즘성 관절염이라고 했다. 약을 장기간 복용하여도 별 효과가 없었다.

그러던 어느 날, 고양이가 관절염에 좋다는 소문을 들었다. 금호동 시장에서 장사를 하던 아내는 고양이를 보는 대로 사다가 푹 삶았다. 어쩌다 잘못 삶으면 매우 고약한 냄새가 났다. 그럴 때면 차라리 먹지 않고 죽는 편이 나을 것 같았다. 얼마나 고양이를 많이 먹었는지 성동구 일대에서는 고양이가 없어서 동대문 시장, 중부 시장에까지 가서 고양이를 구해다 먹으며 오직 걷기만을 바랐다.

    심지어 이런 일도 있었다. 대소변을 받아낼 정도로 심한 고통 가운데 있을 때였는데 누군가 치료 방법이 있다고 했다. 얼마나 반가운지 나에게는 구세주와 같은 음성이었다.
"당신, 살고 싶소? 꼭 한 가지 방법이 있긴 있네만."
"무슨 방법입니까, 네?"
"당신 어렸을 때 많이 맞았지? 어혈이 꽉 차서 그렇다네. 솔잎으로 여과한 맑은 똥물밖에는 자네 병을 고칠 약이 없다네."
    너무나 확신 있게 하는 말에 어머니와 아내는 덩실덩실 춤을 출 정도였고 나도 가슴이 부풀었다.
    우리는 서둘러 고향집으로 내려갔다. 어머니는 항아리를 구하여 주둥이에 솔잎을 넣고 끈을 달아 변소에 집어 넣으셨다. 그리고 다음 날을 기다려 살며시 끈을 끌어당겼다. 밤새 항아리 속에 고인 물을 약사발에 담았다. 정성스레 두 손으로 받쳐 들고 나에게로 다가오시는 어머니!

    하루에 세 번씩 한 번도 거르지 않고 보름간 꼬박꼬박 주셨다. 한 번 먹기도 힘겨울 만큼 심한 악취에도 불구하고 오직 병을 고쳐야겠다는 일념으로 정성스럽게 먹었다. 그대로 마시면 속이 뒤집히고 넘어오니까 빨대로 최대한 목구멍 가까이 대고

빨아 먹었다. 혀에 닿지 않고 목구멍으로 넘어가도록 요령 있게 먹었지만 악취를 면할 수 없었다. 곧바로 10분 정도 양치질을 하고 알사탕을 먹어도 입 안이 개운하지 않았다.

투병을 위한 몸부림은 여기서 끝나지 않았다. 한센병(문둥병)에 쓰는 독일제 알약은 독약의 일종이라고 한다. 온몸이 피부병투성이인 나는 고칠 약이 없어 결국 그 약을 먹기까지 했다. 병을 고칠 수만 있다면 무엇인들 못 먹겠는가!

그러나 처절한 몸부림의 결과는 너무나 비참했다. 세상에는 현대 의학으로도, 어떤 방법으로도 치료될 수 없는 질병이 있다는 사실을 깨달았다. 어느덧, 나의 몸부림은 날개가 떨어진 나비처럼 차츰 힘을 잃어갔다. 질병과의 오랜 싸움으로 잠시 힘을 잃었지만 살기 위한 몸부림을 멈추지는 않았다.

가는 세월

세월은
유수와 같건만
나의 삶은 꽁꽁 얼어붙은 채
뒷걸음질쳤다.

    나의 투병생활은 마치 늪에 빠진 사람의 몸부림과 같았다. 몸부림치면 칠수록 깊이 빠져들어 가 더욱 많은 병이 생겼고 가정을 파탄 지경으로 이끌었다.

    아내는 신혼의 단꿈에 젖어들기도 전에 남편이 병들자, 온 정성을 다해 병구완을 했다. 참으로 지혜롭고 수단도 좋았다. 좋다는 약은 어떻게 해서든 구해다가 먹게 했고, 나을 수 있는 방법이 있다면 어떤 일도 부끄러워하지 않고 거뜬히 해냈다.

    그러다가도 무언가 마음에 맞지 않으면 몹시 화를 내며 보따리를 싸들고 친정으로 달려갔다. 성격이 유달리 급한 탓이었다. 수년이 지나도 병은 더해만 가고 아내는 보따리 싸들고 나가기

일쑤니 가정 형편은 말이 아니었다. 더욱이 빚 독촉을 받는 날이면 아내는 참지 못하고 이혼하겠다며 집을 뛰쳐나가곤 했다.

어느 날, 가출한 아내가 밝은 얼굴로 돌아왔다.
"여보! 언니가 돈 십만 원을 해 줬어요. 이 돈으로 시장에 가게를 낼 거예요."
며칠 후에 아내는 금호동 시장에 조그만 분식 가게를 내고 가장 노릇을 했다. 음식 솜씨가 좋아 제법 손님이 들었다. 아침 일찍 장을 봐서 장사를 시작하면 밤 12시가 다 되어서야 집에 들어오곤 했다. 한 푼이라도 더 벌려는 마음에서였다.

나는 종일 집 안에 틀어박혀 책을 보거나 공상을 하며 소일했다. 도저히 견디기 힘들면 삼거리 가게 평상에 앉아 바둑이나 화투판 구경을 했다. 젊디젊은 나이에 아무것도 하지 못하고 허송세월하는 그 심정을 누가 알겠는가!

가족은 늘어나고 병이 나을 기미는 보이지 않으니 더욱 고통스러웠다. 세월은 흘러가고 아이들은 자라니 앞으로 어떻게 살아야 할지 막막하기 그지없었다. 한창 커 가는 두 딸을 보면 고통이 더했다.

큰딸 미영이는 태어나면서부터 아빠의 아픈 모습만 보고 자랐다. 워낙 심성이 착해서 불편한 아빠를 도와 손발이 되어 주며 친구가 되어 주었다. 가끔 밖에 나가 놀다가도 아빠가 걱정이 되는지 금방 돌아왔다. 그러나 나를 닮아 항상 온몸에 피부병투성이고 제대로 돌보는 사람이 없으니 아프기 일쑤였다.

더구나 둘째 딸 미경이는 자주 볼 수도 없었다. 아내가 가게 일을 하면서부터 젖을 떼고 할머니 손에서 자라야 했기 때문이다.

"어쩌면 애비 모습을 그대로 빼다 박았지?"

병든 아빠 모습을 닮아서인지 미경이는 가족에게 사랑을 별로 받지 못했다. 시골에서 사랑받지 못하고 천덕꾸러기가 되어 있을 미경이를 생각하면서 많이 울었다. 어쩌다 걸레조각을 입에 물고 혼자 노는 미경이를 볼 때면 가슴이 미어졌다. 그렇다고 집으로 데려올 수도, 내가 키울 수도 없으니 더욱 괴로웠다.

갓난 미경이를 시골로 보낸 아내는 더욱 열심히 가게 일을 했다. 가정의 생계를 유지하고 남편 약값을 대느라 산더미같이 늘어난 빚을 갚아야 했기 때문이다.

그뿐 아니라 빚 독촉을 받으며 기한 안에 이자를 주느라 또다시 빚을 내야 했다. 아내가 버는 돈으로는 달러 이자나 일수 이자를 갚아 나가기도 벅찼다. 그런 아내를 보고만 있어야 하는 나는 참으로 괴롭고 자신이 미웠다.

그러던 어느 날이었다. 심한 빚 독촉을 이겨내지 못한 아내는 울부짖으며 나의 자존심을 완전히 긁어놓았다.

"당신, 도대체 그럴 수가 있어요? 당신이 남자예요? 결혼하고 지금까지 고생만 시키고 이제는 돈까지 내가 벌게 해요? 사랑이고 뭐고 다 필요 없어요! 돈을 벌어오세요! 돈!"

아내는 또다시 집을 나가버렸다. 하루가 지나고 이틀이 지나도 돌아오지 않았다. 미영이가 엄마를 찾았다.

"아빠, 엄마 왜 안 오세요? 아빠, 나랑 가게에 가요."

한쪽 벽에 세워 둔 지팡이를 가져다주는 미영이는 울고 있었다. 나는 참을 수 없었다.

"미영아, 가게에 가서 술 한 병 달라고 해라. 담배두."

고통을 잊기 위해 술을 마셨다. 아내에 대한 죄책감과 미움을 떨쳐 버리기 위해서는 그 방법밖에 없었다.

'어머니가 죽는 것이 효도라고 했을 때 나는 살아야 한다고 외쳤지만 그 결과가 겨우 이것이란 말인가! 살기 위해 그토록 몸부림쳤건만…'

며칠 후 집에 돌아온 아내는 큰 소리로 쏘아붙였다.

"당신 보고 싶어서 온 것 아니에요. 미영이가 보고 싶어서 온 것뿐이에요."

아무 말 없이 듣고 있을 수밖에 없는 나 자신이 애처로웠다. 또한 사랑하면서도 한편으로는 삶에 지칠 대로 지쳐서 사랑하고 싶지 않은 그 마음이 변덕스러운 행동으로 나타난다고 생각하니 아내가 한없이 불쌍하게 느껴졌다.

이때부터 나의 병세는 급속도로 나빠졌다. 어느 누구도 반기지 않는 인생살이에 더 몸부림칠 필요성을 느끼지 못했다. 삶에 대한 강한 의지를 잃고, 나를 버리고 떠나는 사람들에 대한 분노를 풀기 위해 술을 마시고 담배를 피웠다. 밥상에는 술이 꼭 올라와야 했다. 술을 먹지 않으면 손이 떨리고 안정을 취할 수 없었다. 술이 없으면 밥조차 먹을 수 없는 처지가 된 것이다.

그 당시 나는 하루살이 인생이었다. 오늘 하루 견디기도 힘든데 어찌 내일을 바라보며 살 수 있겠는가? 고통을 잊기 위해 연거푸 술을 마셔대니 병은 더욱 악화되고 생활은 무절제하여 마치 이리저리 바람에 날리는 가랑잎 같은 신세였다. 살고자 하는 몸부림을 그치고 나니 의미 없는 하루하루의 연속이었다.

사람은 누구나 한 번 죽음을 맞이한다. 그런데 나는 넘어설 수도, 되돌아올 수도 없는 죽음의 문턱에서 무려 칠 년이란 세월을 흘려보냈다. 세월은 유수와 같건만 나의 삶은 꽁꽁 얼어붙은 채 뒷걸음질 쳤다. 과연 나에게도 봄날의 햇살처럼 따스한 행복이 찾아올 것인가.

— 2부 —

기 적

나는 고개를 끄덕이며
기적 같은 사실 앞에
살아 계신 하나님을
인정하지 않을 수 없었다.
놀라운 하나님의 능력 앞에
무릎을 꿇지 않을 수 없었다.
뜨거운 눈물이 양 볼을 타고 흘러내렸다.

"하나님!
하나님은 정말 살아 계시군요!
정말 저를 치료해 주셨군요!"

정

나는 칠 년간 병고의 세월을 지내면서
사람과의 만남에서 이루어지는
정이 얼마나 헛된지 깨닫고
몹시 서글폈다.

정(情)이란 우리에게 따스함을 느끼게 하는 단어이다. 이웃사촌끼리 오는 정, 가는 정에 사는가 하면 부모는 낳은 정, 기른 정에 자녀를 사랑한다. 고부간에도 미운 정, 고운 정이 들게 마련이다. 사전에는 사람과 사람 사이에서 느끼는 친절하고 사랑하는 마음이 정이라고 쓰여 있다. 간단히 말하면 정이란 인간의 사랑이라고 할 수 있겠다.

사람은 사회적인 동물이라고 한다. 유아기 때에는 가정에서, 학창시절에는 학교에서, 사회인이 되면 직장에서 사랑을 주고받는다. 이성을 알게 되면 연인과, 결혼을 하고 나면 부부간에, 자녀를 낳으면 부모 자녀 간에 사랑을 주고받으며 산다.

그런데 죽음의 문턱에서 칠 년이라는 세월을 보내는 동안 나는 사람과의 만남에서 생기는 정에 대해 많은 것을 생각하였다. 어디까지가 참이며 어디서부터 거짓인지 알게 되었고 정이란 참된 사랑이 아님을 깨달았다.

나는 펜팔을 통하여 아내를 만났다. 군 복무를 마칠 무렵, 조카의 소개로 펜팔을 시작했는데, 매일 종이학을 한 마리씩 접어 편지와 함께 보내왔다. 꿈꾸는 소녀처럼 그녀는 백 마리의 학을 전하면 결혼하게 된다는 이야기를 믿은 것이다.

그런데 미처 백 마리가 채워지기 전에 제대하자 장소를 정하여 만나기로 하였다. 편지를 주고받으며 서로를 어느 정도 아는데도 막상 직접 만나려니 어색했다.

나는 어릴 적에 매우 활달한 성격이었는데 자라면서 고르지 못한 치아 때문에 열등감을 느끼고 내성적으로 바뀌었다. 게다가 이성에 대한 관심이 적은 편이어서 서로 만난다는 것이 부담되었다.

"저, 이재록입니다."

"저는 이복님이라고 해요."

처음 얼굴을 대하지만 크고 서글서글한 눈망울에 마음이 끌렸다. 어느덧 우리 사이에는 오빠 동생 하며 정이 오갔고 이성 간의 사랑이 싹텄다. 나에게 그녀를 소개한 조카는 두 사람이 가까워지는 것을 보고 펄쩍 뛰었다.

군 복무 중인 삼촌을 위해 장난삼아 소개한 것인데 정이 들면서 결혼까지 할까 봐 걱정이 된 모양이었다. 만약 결혼하면 친구를 숙모로 불러야 하니 절대 안 된다고 반대하였다. 그러나 우리는 조카의 반대에도 불구하고 결혼을 약속했다.

나는 적극적이면서도 착하고 인정 많은 그녀가 좋았고, 그녀는 우직하면서도 사랑 많고 섬세한 나를 좋아했다. 이렇게 애틋한 정으로 결혼하여 신혼의 단꿈에 부풀어 있는데 난데없이 병마가 찾아온 것이다. 갑자기 위장 장애를 일으켜 밥도 먹지 못하고 온몸이 병드니 결혼 생활은 엉망이 되고 말았다.

아내는 부부간의 정 때문에 나의 병을 치료하고 생계를 꾸리기 위해 무진 고생을 했다. 부부간의 정이 없었다면 나를 위해 그토록 희생하지 않았을 터였다. 그러나 그것이 진정한 사랑이었다면 아내는 나의 가슴을 아프게 하는 말을 결코 하지 않았을 것이다.

"당신과 이혼하겠어요. 그렇지만 지금은 아니에요. 지금 이혼하면 병든 남편 버렸다고 손가락질할 테니까 병이 나으면 그때 가서 이혼하겠어요." 자신에게 도움을 주지 못하고 무거운 짐만 지워 주기 때문에 사랑이 식어 버린 것이다.

그러면 부모와 자녀 간의 정은 어떠한가. 부모 자녀 간의 정은 끊을 수 없다고 한다. 하지만 그토록 나를 사랑하던 부모님 역시 내 병이 나을 기미가 보이지 않자 차라리 죽기를 바라셨다. 부모, 형제에게 도움이 되기는커녕 심적으로나 물질적으로 무거운 짐이 되었기 때문이다.

자녀가 장성하여 부모에게 효도는 못할망정 폐인이 되어 있으니 아버지는 체면 때문에 나를 모른 체했다. 어머니는 마음고생을 이기지 못하여 차라리 죽는 것이 효도라고 통곡하며 자신의 삶을 한탄했다.

나는 부모와 자녀 간에도 참사랑은 존재하기 어렵다는 사실을 깨달았다. 옛말에 긴 병에 효자 없다더니 긴 병에 부모도 없음을 알게 된 것이다.

친구들 중에도 참된 사랑은 없었다. 곤궁할 때 비로소 참된 친구를 알 수 있다는 속담처럼 내가 병고에 시달리다 보니 진정한 우정이란 찾아보기 힘들다는 것을 깊이 깨달았다.

병이 초기였을 때에는 여기저기 좋다는 곳을 수소문하여 나를 데리고 다니면서 많은 애를 쓰던 친구들도 병이 무거워지고 나을 가망이 적어지면서부터 하나둘 떠나갔다.

부모도 자식을 버리는데 어찌 친구나 형제가 끝까지 참사랑을 줄 수 있겠는가. 우리 집은 형제애가 좋기로 소문났지만 이 역시 참사랑은 아니었다.

"재록아, 염려 말아라. 형들이 있잖아, 걱정 말라고!"

처음에는 동생을 사랑하여 도와주겠다며 위로했지만 밑 빠진 독에 물 붓기인 줄 알면서 끝까지 내 뒤를 봐 줄 수는 없었던 것이다. 세상에 많은 사람이 서로 사랑한다고 말하지만 끝까지 변하지 않는 참사랑은 찾아보기 어렵다.

나는 칠 년간 병고의 세월을 지내면서 사람과의 만남에서 이루어지는 정이 얼마나 헛된지 깨닫고 몹시 서글펐다.

병든 몸과
상처난 마음

나는
병들었고
사람들로부터
버림받았다.

사랑하는 아내와 가정을 이룬 후 얼마 동안은 장밋빛 미래가 펼쳐지는 듯했다. 호사다마라고 하던가. 아내와 함께 잘살아보려고 집들이를 하며 기분 좋게 하루를 보냈는데 청천벽력 같은 일이 벌어진 것이다.

나는 각종 합병증으로 서서히 폐인이 되어갔다. 많은 사람으로부터 버림받고 쓸모없는 사람이라는 낙인이 찍혔다. 질병은 직장과 가정, 그리고 나의 삶의 목적과 청춘까지 몽땅 빼앗아갔다. 마비된 위장 기능은 전혀 회복될 기미가 보이지 않았다. 토사곽란과 같은 증상은 없어졌으나 기능이 마비되니 온몸이 병들어갈 수밖에 없었다.

오장육부가 정상적인 활동을 못하자 수시로 두통, 현기증, 소화불량이 찾아와 괴롭혔다. 게다가 식욕부진, 피로, 권태, 발진, 가려움증, 의욕 상실증까지 나타났다.

간 기능이 약화되고 병에 대한 저항력도 떨어져 항상 입 안이 헐었고 기침이 떠날 줄 몰랐다. 또 중이염이 재발하여 귀에서는 계속 진물이 흘러나왔다.

초등학교 4학년 때 운동장에서 친구와 '사비'라는 놀이를 하다가 봉변을 당한 적이 있다. 멀리서 보고 있던 선생님은 우리가 싸우는 것으로 여겼나 보다. 우리를 부르더니 따귀를 때리셨다. 그리고 우리 둘을 마주 세우고 상대의 뺨을 이십 대씩 때리라고 했다. 그 후 그 선생님은 쫓겨났지만 나는 큰 충격을 받았고 한쪽 고막이 터져 극심한 고통을 겪어야 했다. 결국 청각장애가 생겨 상대방 입 모양을 유심히 보고 정확하게 내용이 파악될 때만 말하는 습관이 붙어 버렸다. 대화하다가 실수하지 않기 위해서였다.

그런데 이제는 나머지 한쪽 귀에도 이상이 생긴 것이다. 귀에 염증이 심해지면서 진물의 양이 많아지고 냄새가 나더니 미세한 소리를 듣지 못하는 지경까지 이르렀다. 뒤에서 부르는 소리라든가 전화 목소리가 정확히 들리지 않자 크게 당황하였다. 상대방과 이야기할 때면 식은땀이 흘렀고 전화벨이 울리면 가슴이 두근거려 자리를 피해야만 했다.

사람들은 나를 이상한 눈으로 보기 시작했고, 바보 취급당하는 것 같은 심한 열등감에 사로잡혔다. 이미 심상치 않은 신경성 노이로제에 걸린 것이다. 결국 신문사를 그만두었고 다른 직장에도 들어갈 수 없었다. 귀머거리나 다름없으니 어찌 정상적인 사회생활을 할 수 있겠는가?

더구나 여름에는 무좀에, 겨울에는 귀와 발이 동상에 걸려 일상생활이 편치 않았다. 그 가려움증은 참기 힘들었고 설상가상으로 온몸이 가렵더니 습진까지 생겼다.

아침에 자고 일어나면 염증이 있는 곳마다 곪아 터져 진물이 굳어 있었다. 워낙 병이 많다고 구박을 받는지라 아내에게 말도 못하였다. 그런데 습진이 온몸으로 퍼지면서 더는 감출 수 없었다.

"당신은 눈 한 군데만 성한 사람이에요. 그래도 성한 곳이 한 군데 있으니 다행이네요. 그런데 어쩌면 하나같이 지저분한 병만 갖고 있는지 모르겠어요."

이미 코에도 이상이 생겼다. 나도 모르는 사이 축농증이 생긴 것이다. 항상 머리가 무겁고 코는 막히고 기억력이 떨어졌다. 목도 정상일 리 없었다. 처음에는 임파선이 붓더니 볼록하게 멍울이 잡혔다. 점점 자라나 염주 알만 하던 것이 포도알만큼 커지더니 나중에는 포도송이처럼 주렁주렁 잡혔다. 그러니 목을 돌릴 때마다 멍울로 인해 고통을 받았다.

그때까지는 아무리 많은 병을 앓아도 겉으로 크게 드러나지 않았기에 얼핏 보면 몸이 허약해 보일 뿐 정상적인 사람과 다를 바 없었다. 그래도 직장 생활은 못하니 다른 사람 간섭을 받지 않고 할 수 있는 자유 업종을 찾다가 밥상을 팔러 다녔다.

처음에는 "상 사려!"를 외치지 못해 며칠이나 허탕 치다가 차츰 용기를 내어 장사할 수 있었다. 자개로 만든 밥상을 두세 개씩 등에 걸쳐 메고 팔면서 조금씩 돈을 벌었다.

그런데 1972년 어느 날, 상 팔러 가는 길에 갑자기 발이 마비되는 것이 느껴지면서 걸을 수가 없었다. 메고 있던 상을 근처에 맡긴 뒤 버스를 타고 집으로 돌아왔다.

바로 다음 날부터 자리에 눕고 말았다. 무릎에 관절염이 생겨 걸을 때마다 통증이 느껴지더니 급기야 걷지 못해 그나마 장사도 할 수 없었다. 화장실을 갈 때면 지팡이를 의지하다가 결국 대소변을 받아 내야 했다.

건강하던 사람이 병이 드니 그 고통은 정말 참기 힘들었다. 병들어 받는 고통보다 더 큰 것은 어느 누구도 이해할 수 없는 정신적인 고통이었다. 게다가 귀가 들리지 않아서 겪는 설움은 이루 말할 수 없었다.

아무리 상대의 입 모양을 열심히 보고 있어도 주위가 시끄럽거나 사람이 많이 모인 곳에서는 정확히 알아들을 수 없었다. 이로 인해 엉뚱한 대답을 하거나 대답을 하지 못할 때에 당하는 수모와 심한 열등감으로 얼굴이 붉어졌다. 강한 자존심 때문에 귀가 들리지 않는다는 사실을 내색하지 않고 지내려니 더욱 고통스러웠다.

'금강산도 식후경'이라는 말처럼 먹는 일은 중요하다. 우리의 삶에서 먹는 즐거움을 빼 버린다면 그만큼 재미를 못 느낄 것이다. 나 역시 가끔 고기가 먹고 싶었다. 그럴 때면 아내는 고기를 다져 입에 댈 정도만 먹게 해 주었다.

어떤 때에는 다진 고기마저 얹혀서 심한 고생을 했다. 그래도 얼마간 지나면 또 먹고 싶었다. 그러나 먹고 난 후에 당할 고통을 생각하면 쉽게 먹을 수 없었다.

"여보, 나는 언제쯤 밥과 고기를 마음껏 먹을 수 있을까?"

"걱정 마세요. 마음껏 먹을 날이 곧 올 거예요. 그때 제 음식 솜씨를 발휘해 보일 테니 과식하면 안 돼요!"

그럴 날이 영영 오지 않을 줄 알면서도 아내는 자신 있게 말했다. 음식을 제대로 먹지 못하니 날이 갈수록 체중이 줄고 얼굴은 야위어 갔다. 거울을 들여다보면 "아니, 이게 누구야!"라는 말이 절로 나왔다. 커다란 눈, 불거진 광대뼈, 움푹 패인 볼, 지저분한 귀, 진물투성이 피부 등 본디 내 모습은 찾아볼 수 없었다. 지팡이를 짚고 다닐 때에는 그나마 바람이라도 쐴 수 있었지만 류머티즘성 관절염이 심해 거동할 수 없는 상태가 되니 창살 없는 감옥이 따로 없었다. 방 안에만 틀어박혀 있으니 젊은 나이에 얼마나 답답한지 몰랐다. 일을 하고 싶어도 일할 곳이 없고 그럴 수도 없는 자신이 비참했다.

무엇보다 가장으로서, 또 남편으로서 구실을 못하는 나 자신을 바라보며 심한 죄책감에 눌려야 했다. 이러한 심정을 알지 못하는 아내는 때때로 내 마음에 상처를 주곤 했다.

"나는 돈이 있어야 행복해요. 돈!"

"당신 때문에 이 고생 하잖아요! 이 고생…"

빚 독촉에 시달리는 아내가 내뱉던 말이다. 여러 차례 보따리 싸들고 집을 나간 아내는 내가 데리러 가야만 돌아왔다. 아내로부터 받는 고통은 돈 때문이기에 그래도 나았다.

집을 나간 아내가 여기저기 다니며 하소연할 때에 처가 식구는 나에게 분노했다. 남편 잘못 만나 고생만 한다고 아내를 감싸던 그들이 어느 날 우리 집으로 우르르 몰려왔다.

"그렇게 반대해도 결혼하더니 병이 났다고 직장도 안 다니고 돈도 못 버는 것 보니 분명히 결혼 전부터 병이 있었던 거야."

"그 녀석 사기꾼이다. 사기꾼!"

"병신 사위, 말 좀 해 보게. 우리 딸이 잘못한 게 무엔가! 때리긴 왜 때려!"

"자네도 사람인가? 여자 데려다 그렇게 고생하게 하면서 무엇이 부족하단 말인가?"

"병신 사위, 아니 병신! 아무 소리 말아! 당장 헤어져! 당장!"

처가 식구들은 아내와 다툰 것을 때렸다고 과장하면서 한마디씩 했다. 온 동네를 떠들썩하게 하는 소란, 그 창피스러움과 서러움을 어찌 다 표현할 수 있을까.

나는 온몸이 병들었고 부모와 형제는 물론, 아내와 주변 사람들로부터 버림받았다. 처음에는 정 때문에 나를 불쌍히 여기고 도와주었으나 고칠 수 없는 병이라는 사실을 알게 되면서 하나둘씩 나를 버렸다. 나에게 남은 것은 어느 누구도 치유해 줄 수 없는 병든 몸과 상처 난 마음뿐이었다.

이 크고 넓은 세상에 병든 나, 외로운 나, 아무도 필요로 하지 않는 나를 조건 없이 이해하고 감싸 주며, 변치 않는 참사랑을 줄 수 있는 이는 아무도 없는 것일까….

모진
목숨

내 안의 깊은 곳에서 꿈틀대던
삶에 대한 열망은 서서히
다가오는 무엇인가를 향해
가냘픈 몸짓을 하고 있었다.

세상을 살면서 많은 사람이 한 번쯤은 죽고 싶다는 생각을 해 보았을 것이다. 그러나 실제로 그것을 선택한다는 것은 참으로 미련한 행동이 아닐 수 없다. 어리석게 나도 두 번이나 죽으려고 했다. 모두 미수로 그치고 말았는데 어찌 보면 참 질긴 목숨이었다.

내가 처음 자살을 기도한 것은 재수하던 때였다. 고등학교 3학년 때까지 나는 결석을 많이 했다. 초등학교 4학년 때 중학생과 발차기를 하다가 갈비뼈를 다친 것이 원인이었다. 이 때문에 해마다 여름이면 다친 곳이 아파왔다. 그러다 보니 결석하는 날이 잦아 학업 성적이 말이 아니었다.

고등학교 3학년 무렵에는 40여 일이나 결석하는 바람에 그 해에 시험을 포기했다. 이후 재수생 시절, 하루 네 시간씩 자면서 공부에 전념하였다.

잠을 쫓기 위해 잠 안 오는 약을 매일 복용하고 아침 기상시간을 지키기 위해 스스로 벌칙을 만들었다. 자명종 소리를 듣고 하나, 둘, 셋까지 셀 동안 일어나지 않으면 밥을 먹지 않기로 했으니 밥을 먹기 위해서라도 일어나야 했다.

새벽부터 일어나 도서관에 다니며 열심히 공부하니 실력은 날로 향상되었다. 공부하는 재미를 알게 되었고 서울대 공대 입학의 꿈을 이룰 수 있다는 자신감이 생기니 공부하는 것이 더욱 즐거웠다.

그런데 하루는 이상한 일이 생겼다. 잠시 쉬는 시간을 이용하여 신문을 보았다. 신문에 나온 대통령 사진을 보는데 갑자기 이름이 떠오르지 않았다.

'우리나라 대통령 이름이 뭐더라?'

'갑자기 생각하려니까 생각이 안 나는가 보지?'

나는 열심히 생각해 보았다. 아무리 안간힘을 써도 생각나지 않았다.

'이름이 전혀 떠오르지 않네? 공부만 하다 보니 다 잊어버렸나? 그럴 리 없는데…'

약간 이상한 기분이 들면서 기가 막혔다.

나는 그동안 공부한 내용을 기억해 보았다. '수학공식 중에서 인수분해 공식은? 어? 뭐더라? 그렇게 쉬운 게 왜 생각이 안 날까?' 불길한 예감이 들었다.

'그럼, 국어 중에서…' 열심히 외운 고시조를 읊어 보려는데 작자의 이름과 제목이 전혀 생각나지 않았다. 나는 소스라치게 놀랐다. 두려웠다. 밤새 잠을 이룰 수 없었다.

'내가 지금 어떻게 된 것일까? 기억력이 없어진 걸까? 잠시 멍해진 것인가? 이럴 수 있는 것일까?'

다음 날, 다시 한 번 나를 시험해 보았다. 그러나 몇 달 동안 열심히 공부한 그 많은 내용이 아무리 마음을 모아 생각해 보아도 좀처럼 떠오르지 않았다. 순간 내 모든 삶이 송두리째 아득한 심연으로 떨어지는 것만 같았다. 나의 존재에 대한 강한 회의가 오면서 아무런 존재 가치가 없다는 결론에 다다랐다.

'죽자, 죽어 버리면 부모님이 더 기대하지 않을 것이고, 나도 수모를 당하지 않을 것이다. 재수하고도 대학에 못 간다면 그런 망신이 어디 있는가!'

나는 죽음이 가장 좋은 해결책이라 믿었다. 그래서 을지로 6가에서부터 을지로 입구까지 걸어가면서 약국마다 들렀다. 효력이 좋다는 미제 수면제를 사 모았다. 그동안 써 놓은 일기를 한 장씩 태우며 20년의 생활을 회고하고 모든 소지품을 정리하였다. 그리고 결행일을 잡아 놓고 철저한 계획을 세웠다.

그 당시 나는 신당동 큰누나 집에서 식사를 해결하며 공부하기 위하여 따로 방을 얻어 살았다. 동대문 시장에서 매형을 도와 포목점을 하는 작은형이 들어오는 밤 11시까지는 독방이나 다름없었다. 자살을 결행하기 아주 적합한 장소였다.

나는 방을 깨끗이 치우고 부모님과 누나, 형에게 유서를 남겼다. 모든 계획을 치밀하게 세워 놓았기 때문에 그대로 실행하기만 하면 되었다. 계획대로 먼저 누나 집으로 갔다.
"누님, 오늘 저녁엔 친구 집에 가서 공부할 겁니다. 저녁 식사는 집에서 하지 않을 테니 기다리지 마세요."
인자한 큰누나는 대수롭지 않게 "알았다." 하고는 집안일을 다시 시작했다. 나는 옆집에 있는 내 방으로 가서 신발을 안에 들여 놓고 문을 잠갔다.
이부자리를 깔고 준비해 놓은 약을 먹었다. 많은 양의 약을 먹었는데도 정신이 말똥말똥했다. 그러나 얼마 후 자리에 곱게 누워, 나도 모르는 사이에 정신을 잃었다.

밤 11시가 되어서야 집에 들어오던 매형과 형은 그날따라 일찍 집에 들어오고 싶었다고 한다. 그래서 일찍 가게 문을 닫고 항상 마시던 술도 뒤로한 채 집에 들어와 갑자기 나를 찾았다. 평소에는 공부에 방해될까 봐 찾지도 않던 분들이 말이다.
나를 불러보아도 대답이 없는 데다 방문이 안으로 잠긴 것을 확인하고서 불길한 예감이 들었다고 한다. 형과 매형은 문을 부수고 들어와 아랫목에 누운 나를 발견하고는 급히 병원으로 옮겼다. 워낙 약을 많이 먹은 데다 오랜 시간이 지난 후에 발견되었기 때문에 살아날 가능성이 희박했다고 한다.

그런데도 며칠 만에 깨어나 정상적으로 활동하니 모두 기적이라며 놀랐다. '인명은 재천'이라는 옛말이 실감났다. 모든 상황을 알고 이해하신 부모님의 허락을 받아 일 년을 더 공부하기로 했다.

나는 서울에서 멀리 떨어진 김 씨 문중의 묘가 모여 있는 산에 방 한 칸을 얻어 공부에 전념하였다. 그러나 일 년이 지나도 여전히 기억력은 회복되지 않았다. 결국 서울대 공대를 포기하고 한양대 공대에 입학했다. 이것이 첫 번째 자살 미수 사건이다.

내가 또 한 번 죽음을 결심한 것은 결혼 후의 일이다. 병든 몸으로 갖은 수모를 당하며 사는 것도 서러운데 아내마저 걸핏하면 집을 나가 나를 고통스럽게 하니 견딜 수 없었다.

'내가 왜 살아야 하는가?'

'앞으로 어떻게 살 것인가?'

이런저런 생각으로 잠을 잘 수 없었고 삶에 대한 희망이 없으니 조그만 일에도 상처를 받았다. 더구나 주위에서도 그런 나를 번번이 건드리며 괴롭혔다.

나는 언제라도 죽을 각오를 하면서 수면제를 사 모았다. 그런데 또다시 아내가 집을 나가 며칠이 되어도 돌아오지 않았다. 더는 처가를 찾아가 수모를 당하며 아내를 데려올 용기가 나지 않았다. 결국 수면제를 먹고 죽음으로 모든 것을 잊으려 했다.

그러나 이번에도 죽음은 나를 비켜갔다. 수면제를 먹은 바로 그날, 친정에 있던 아내가 잠도 오지 않고 매우 불안해지면서 집에 무슨 일이 일어난 것 같았다고 한다. 불안을 이기지 못하여 택시를 타고 집에 와 보니 내가 수면제를 먹고 죽어 가는 것이다. 결국 두 번째 자살 시도도 실패로 끝나고 말았다.

'나는 죽고자 해도 죽을 수 없는 몸이구나. 나의 목숨은 내 손에 달린 것이 아닌가 보다. 이제는 무모하게 죽음을 택하지 않으리라.' 다시 살고 싶은 마음이 생겨났다. 마음 깊은 곳에 있는 삶에 대한 조그만 불씨에 불을 붙였다.

나를 낳아 준 어머니, 한 몸을 이룬 아내, 일가친척으로부터 수모를 당할 때마다 삶에 대한 강한 욕망이 생겨났다. 그것은 일종의 오기였고 복수심이었다.

"어머니, 내가 왜 죽습니까? 나는 꼭 살아나 보란 듯이 큰소리칠 겁니다."

"여보, 당신이 좋아하는 돈을 태산같이 벌어다 안겨 줄 테니 두고 보라고. 내가 당신 코를 납작하게 만들어 놓고야 말 테니까 두고 봐!"

"장모님, 너무 사람 얕보지 마십시오. 두고 보십시오. 나중에 후회하실 겁니다."

나에게는 꼭 살아야 할 이유가 또 하나 있었다. 내가 병드는 바람에 천덕꾸러기로 자라는 딸들을 생각하면 무슨 수를 써서라도 살아야 했다. 아이들에게는 내가 죄인이기 때문이다.

몸과 마음이 아프다 보니 아이들에게 짜증을 내기도 하고 귀찮아할 때도 자주 있었다. 사랑받고 자라야 할 딸들이 내가 죽고 나면 누구에게 사랑을 받겠는가?

아빠가 이렇게 살아 있는데도 손가락질당하고 따돌림당하는데 내가 죽는다면 아비 없는 자식이라고 얼마나 천대받을까. 더구나 엄마 젖도 제대로 먹지 못하고 부모 품을 떠나 자라는 둘째 미경이는 엄마조차도 사랑하지 않으니 누구의 사랑을 받으며 누가 돌볼 것인가!

나 자신을 위해서라도 살아야 했다. 누구도 대신 살아 줄 수는 없다. 아빠와 남편으로서 역할을 떳떳이 해내기 위해서도 살아야 했다. 다른 사람에게 짐 지운 것을 속죄하기 위해서라도 살아야 한다고 굳게 마음먹었다.

사망의 음침한 골짜기에서 칠 년이라는 긴 세월을 지내면서 실오라기 같은 희망을 놓지 않고 버틴 나날, 모진 목숨은 극한의 고통 속에서도 사그라지지 않고 살아남았다.

애처롭게 생명줄을 붙들고 있는 중에도 한 가닥 빛이 다가오고 있음을 내 영혼이 감지한 까닭일까? 내 안의 깊은 곳에서 꿈틀대던 삶에 대한 열망은 서서히 다가오는 무엇인가를 향해 가냘픈 몸짓을 하고 있었다.

나의
누님

내가 죽음의 문턱에서 수년간
고생할 때에도 끝까지
힘을 준 사람이
바로 누나다.

동면하던 개구리가 깨어나고 노란 개나리가 활짝 핀 4월, 나에게도 봄이 찾아왔다. 부모 형제의 발길이 뜸해지고 손님의 그림자도 보기 힘든 어느 날, 둘째 누나가 금호동 산동네를 찾아왔다. 오랜만에 누나의 얼굴을 보자 사막에서 샘물을 만난 듯 무척 기뻤다. 그렇게도 사람이 그립고 사랑에 목마를 때였다.

둘째 누나는 고향에서 농사를 지으며 서울로 유학 온 자녀들을 뒷바라지하느라 가끔 올라왔다. 한창 바쁜 농사철에 왔기에 놀라지 않을 수 없었다.

"아니 누님, 웬일로 오셨어요?"

"서울에 볼일이 있어 왔다네."

마냥 즐거워하는 누나는 마치 어린아이 같았다. 동생을 생각해서 그동안 시골에서 지낸 이야기를 들려주느라 시간 가는 줄 몰랐다. 그런 누나의 모습이 좋았다.

한참 동안 이야기를 하던 누나는 조심스럽게 내 눈치를 살피더니 부탁이 있다고 했다. 남의 부탁을 들어줄 만한 처지가 아닌 줄 뻔히 알면서 그런 말을 하기에 무척 궁금했다.

"동생, 한 가지 부탁이 있는디 좀 들어줘야 쓰겄어."
"내가 예전부터 꼭 가고 싶은 곳이 있었잖은가. 서대문에 현신애 제단이라고. 서울 올라온 김에 꼭 참석하려고 매형한테 특별히 허락받았다네. 동생이 좀 데려다주게."
집회에 참석한다는 기쁨과 더불어 간절함이 묻어 있는 부탁이었다. 거절할 수 없으리만큼 간절한 부탁이지만 거절할 수밖에 없었다.
"누님은 뻔히 알면서 왜 제게 부탁하세요? 나 말고도 길 안내할 사람 있잖습니까? 현권이나 현수하고 가세요."
"그 애들은 학교 가야지. 나는 길을 잘 몰라. 내가 얼마나 가고 싶으면 동생한테 부탁하겠나."

길 안내할 아들이 둘이나 있는데도 또다시 부탁했다. 나는 누나의 체면을 봐서 더 거절할 수 없었다. 봄바람도 쏘일 겸 나들이를 하고 싶은지라 길 안내를 하기로 약속했다.

"고맙네, 동생, 고마워. 그럼 내일 아침 일찍 올 테니까 준비하고 있어야 되네. 저녁밥 때문에 나 이제 그만 가네."

환한 얼굴로 돌아가는 누나의 발걸음은 마치 나비가 훨훨 날아가는 양 가벼워 보였다. 그 모습을 보자, '내가 아직 남의 부탁을 들어줄 수 있구나.' 하는 존재 가치를 느낄 수 있어서 기뻤다.

나는 위로 형이 둘, 누나가 셋 있지만 둘째 누나를 가장 사랑했다. 둘째 누나는 어려서부터 마음이 넓고 사랑이 많을 뿐 아니라 워낙 착하고 부지런하여 늘 칭찬을 받으며 자랐다. 그러나 아주 어렸을 때 심한 열병을 앓은 탓에 한쪽 눈을 실명했고 체구도 작아 겉보기에는 볼품이 없었다. 그런 누나를 얕잡아 보고 구박하는 사람도 있었다.

둘째 누나는 사춘기에 비정상적인 눈과 외모를 비관하여 결혼을 포기했다. 그렇지만 착실한 누나를 며느리 삼고 싶어 하는 사람이 많아 결국 동네 총각과 결혼했다. 시집간 후에도 누나는 한 동네에서 살았다. 열심히 일하며 살림을 잘 꾸려 나갔고 일 년에 열두 번이나 되는 제사를 마다하지 않고 정성껏 지냈다.

슬하에 3남 2녀를 낳아 키우며 착실하게 살던 누나는 어느 날부터인가 열심히 교회를 다녔다. 한 동네에 사는 장로님이 전도하며 하나님 말씀을 전하는데 어찌나 기쁘고 좋은지 금방이라도 교회로 달려가고 싶었다고 한다.

그러나 농사가 바쁘다 보니 가지 못했는데 동네 권사님 딸인 귀머거리 처녀가 또 누나를 전도했다고 한다. 잘 듣지는 못해도 말을 잘하는 이 처녀는 매일 찾아와 열심히 하나님 이야기를 하며 전도했다. 누나는 그 이야기가 하도 재미있어서 자꾸만 듣고 싶었다고 한다.

처녀의 전도에 감화된 누나는 주일을 기다렸다가 난생 처음 교회에 갔는데 얼마나 좋았던지 지금까지 그 날짜를 기억한다. 그 후로 누나는 한 번도 주일을 빠뜨리지 않고 교회에 다녔다.

교회 종소리가 울려 퍼지면 하던 일을 부리나케 마치고 교회로 달려가야만 마음이 편안하고, 무슨 일을 하든지 찬송이 입에서 끊이지 않았다. 일 때문에 바쁜 틈에도 하나님 말씀을 들으려고 애를 썼다.

이렇게 신앙생활을 시작한 둘째 누나는 일하러 갈 때마다 광주리에 라디오를 담아 가지고 갔다. 일할 때에는 꼭 기독교 방송을 틀어 놓고 찬송도 배우며 하나님 말씀을 들었다. 오직 예배드리고 전도하며 기도하는 재미로 살았다.

아무리 바쁜 모내기 철이라도 주일을 꼭 지키고, 철야 기도를 한 뒤에도 아침 일찍 나와 웃는 얼굴로 일했다. 이런 누나를 사람들은 신기해하며 종종 이렇게 물었다.

"현권이 엄마는 어쩌면 아파 눕는 것을 한 번도 볼 수 없수? 예수 믿으면 그렇게 건강하고 기쁜 게야?"

그럴 때면 누나는 기회를 놓치지 않고 열심히 전도했다. 교회에 간다는 이유로 할 일을 미루거나 빠뜨리는 일 없이 밤을 새워서라도 꼭 해 놓고 다니기 때문에 남편이나 자녀, 동네 사람들로부터도 전혀 핍박받지 않았다.

그러나 어머니와 형들은 누나가 유별나게 예수 믿는다고 핍박이 심했다. 열심히 교회에서 봉사하고 전도하며 목사님을 섬기는 것에 매우 못마땅해했다.

누나는 주일이면 아침 일찍 일어나 집안 살림을 챙겨놓고는 교회에 가서 강대상을 닦는 등 열심히 교회와 주의 종을 섬겼다. 첫 열매나 귀한 것이 생기면 목사님 몰래 사택에다 들여놓고는 부끄러워 도망치듯 나오기도 했다. 이런 누나를 못마땅하게 여긴 어머니는 소리 지르며 야단치셨다.

"너는 교회에 다닌다면서 왜 쌀은 퍼다 주고 돈을 갖다 내고 하는 거냐! 그러니까 가난하지 않아? 교회엔 그만 다녀! 정신 차려라, 정신!"

혀를 차며 큰소리로 야단쳐도 누나는 얼굴색 하나 변하지 않고 오히려 담대히 어머니에게 전도했다.

"어머니, 예수 믿으세요. 얼마나 기쁘고 좋다구요."

이처럼 누나는 이 세상 부귀영화보다 귀한 것이 믿음인 줄 알고 있었다. 그래서 믿지 않는 남편과 자식을 위해 눈물 뿌리며 기도하고 모든 어려움을 감사함으로 이길 수 있었던 것이다.

혹 부흥성회가 있으면 열심히 참석하며 간절히 하나님을 찾았다. 그 옛날 귀하고 귀한 금가락지를 서슴없이 빼서 하나님께 드리기도 했다.

"하나님, 금가락지처럼 귀한 믿음 주세요. 아무리 오랜 세월이 지난다 해도 변하지 않는 금 같은 믿음을 주세요."

반지를 하나님께 드리면서 물질 축복을 구한 것이 아니라, 오직 금같이 귀한 믿음을 달라고 기도했다는 둘째 누나!

누나가 길 안내 부탁을 승낙받고 기뻐하는 모습을 보면서 지난 일들이 생생히 떠올랐다. 누나는 나에게 여러 번 전도했다.

"동생, 이제 결혼도 했으니 새로운 마음으로 예수 믿게."

나는 한 귀로 듣고 한 귀로 흘려버렸지만, 누나는 기회 있을 때마다 전도했다. 내가 병이 들고 난 후에도 여전히 전도하며 치료받기를 바랐다.

"누님, 예수 믿는다고 어떻게 병이 낫습니까? 지금처럼 의학이 발달되었어도 못 고치는 병을 누가 낫게 합니까? 하나님이 어디 있어요? 천국이 어디 보입니까? 누님이 천국을 보셨습니까? 죄송하지만 누님은 공부를 별로 못해서 모르고 속는 겁니다. 다시는 내 앞에서 예수 믿으라는 소리 하지 마세요."

이처럼 말도 못 붙이게 몰아붙여도 누나는 서울에 올라올 때마다 나에게 전도했다. 내가 죽음의 문턱에서 수년간 고생할 때에도 끝까지 힘을 준 사람이 바로 나의 누님이다.

"동생, 지금 당장은 다른 도리가 없을 것 같지만 살아날 길이 있다네. 다시 건강해질 수 있어! 예수 믿게. 오직 그 길뿐이네."

누나가 말하는 '믿음'이라는 것을 당장 가질 수는 없었지만, 그 말을 들을 때마다 '예수 믿으면 살 수 있다.'는 의식이 조금씩 자리 잡아 갔는지도 모른다. 몸은 병들고 마음은 상처투성이가 되어 지쳐 있지만 누나의 간절한 부탁을 들어주어야겠다는 의지가 생겨났다.

둘째 누나가 길 안내 부탁을 한 것은 나를 죽음의 문턱에서 새로운 삶으로 인도하기 위한 하나님의 놀라운 지혜였다. 미천한 사람을 들어 지혜롭게 하며 가난한 사람을 들어 부요케 하시는 하나님께서 누나에게 지혜를 주셨다. 아무리 전도해도 미련하여 깨닫지 못하고 하나님을 찾지 못하는 나에게 하나님을 찾을 수 있는 길을 열어 주신 것이다.

"하나님, 동생이 하나님을 만나게 해 주세요. 동생의 병을 치료하사 영광 받으시고 동생을 통하여 모든 친정 식구가 예수 믿고 구원받게 해 주세요."

누나의 간절한 기도에 응답하기 위해 하나님께서 역사하셨다. 한 치 앞을 내다볼 수 없는 미련한 인간인 내가 어찌 하나님 지혜를 깨닫기나 했겠는가.

하나님께서는 나에게 죽음을 이길 수 있는 한 가닥 빛줄기를 보내주셨다. 나를 감싸는 이 빛 덕분에 누나의 권유를 듣게 되었다. 우리 교회 이정순 권사님이 바로 둘째 누나이다.

지금은 오직 하나님 나라와 의를 위해 기도에 전념하며 한 영혼이라도 더 구원하고자 열심히 전도하고 있다. 그러기에 하나님의 놀라운 사랑과 축복을 받아 온 가족이 귀한 믿음을 소유하고 자녀들은 주의 종으로, 일꾼으로 영혼 구원에 앞장서니 얼마나 감사한 일인가.

다시
태어난 생명

영원히 잊을 수 없는
기쁨과 감동의 날,
하나님께서
나를 만나 주신 날….

 다음 날 아침, 누나는 일찌감치 우리 집으로 와서 빨리 가자고 재촉했다. 금호동 산꼭대기에서 지팡이를 짚고 내려오는 길은 꽤나 힘들고 시간이 오래 걸렸다.
 "아이고, 빨리 온다고 서둘렀는데도 늦고 말았네. 동생, 어서 들어가세."
 서대문행 버스를 타고 힘겹게 도착한 현신애 제단이라는 곳에서는 우렁찬 찬송 소리가 새어 나왔다. 길 안내를 부탁한 누나는 오히려 나를 인도하여 앞장서서 들어갔다. 입구를 지나 2층을 들여다보니 크고 넓은 강당엔 수많은 사람이 꽉 차 있어 들어갈 수 없었다.

하는 수 없이 환자를 위해 마련된 비스듬한 길을 따라 3층으로 올라갔다. 한 손으로는 난간을 붙잡고 다른 한 손으로는 지팡이를 짚고 한 걸음씩 옮길 때마다 무릎에 통증이 왔다. 등에선 식은땀이 흘러내렸다.

한참을 걸려 겨우 올라가 자리를 잡는 동안 많은 사람이 나를 앞질렀다. 힘이 쭉 빠진 몸을 이끌고 자리에 앉아 숨을 돌리는 사이 사람들이 꾸역꾸역 모여들었다.
'웬 사람이 이렇게도 많을까?'
어리둥절하여 앞뒤를 살피는데 앞에서 흰 옷을 입은 채 마이크를 대고 말하는 여인이 눈에 들어왔다. 큰 십자가 밑에 놓인 강대상 앞에서 손짓과 더불어 온몸으로 말하는 모습이 매우 힘 있게 느껴졌다. 그럴 때마다 셀 수 없이 많은 사람이 손을 들고 '아멘'이라고 소리쳤다.

난생 처음 보는 광경이라 이상한 기분이 드는 데에다 귀가 잘 들리지 않아서 말을 알아들을 수 없어 답답했다. 옆에 있던 누나가 보이지 않아 두리번거리는 동안 주변에 있던 사람들이 큰 소리를 내며 기도하기 시작했다.
미친 듯이 소리 지르는 사람, 두 손을 높이 쳐든 사람, 몸을 앞뒤로 흔드는 사람, 가슴을 치며 우는 사람이 있는가 하면 고개만 숙인 채 조용히 입 다문 사람도 있었다.

'사람들이 어떻게 된 것 아닌가! 이런 곳이 있다니. 내가 여기에 무엇하러 왔는가? 빨리 나가는 것이 상책이겠다. 모두가 미친 사람 같구나. 여기 더 있다가는 나까지 미쳐 버릴 것 같다. 그만 돌아가야지.'

비록 교회에 다니지는 않았지만, 나는 으레 기도는 조용히 하는 것이고, 교회 다니는 사람은 거룩하고 경건해야 한다는 고정 관념이 있었다. 그러니 아연실색하지 않을 수 없었다.

집에 돌아가려고 누나를 찾아보니 이게 웬일인가? 그렇게도 얌전한 누나가 다른 사람보다 더 큰 소리로 몸을 흔들며 기도하는 것이 아닌가. 손을 들고 울면서 기도하는 모습이 누나같이 느껴지지 않았다.

'저 사람이 정말 누님인가? 평상시에는 조용하고 부끄러움을 잘 타는 분인데 혹시 돌아버린 것은 아닐까?'

참으로 믿기 어려운 광경이었다. 그런 모습을 보면서 섬뜩하기까지 했다. 불현듯 어린 시절 동네에서 무당이 굿을 하며 귀신을 불러들이던 일이 떠올랐다.

쌀이 담긴 떡시루에 대를 꽂아 놓고 무당이 지목한 동네 아주머니가 그것을 잡으니 몸을 사시나무 떨듯 마구 떨던 모습! 나는 그 광경을 본 이후로 귀신의 존재를 마음속에서 인정하고 있었다. 그러나 겉으로는 '귀신이 어디 있어?' 하며 큰소리치곤 했다.

생각이 여기에까지 이르니 빨리 돌아가고 싶었지만 함께 가자고 간곡히 부탁하던 모습이 떠올라 누나에게 말할 용기가 나지 않았다. 그렇다고 멀뚱멀뚱 앉아 구경만 하기도 쑥스러웠다.

할 수 없이 다른 사람들이 하는 것을 보고 그대로 따라했다. 무릎이 아팠지만 나도 그들처럼 무릎을 꿇고자 노력하였다. 그러고는 눈을 감고 두 손을 모았다. 바로 그 순간, 송골송골한 땀방울이 등줄기를 타고 흘러내렸다.

'왜 이렇게 갑자기 땀이 날까?'

뼈와 가죽밖에 남지 않은 몸에서 많은 땀이 날 턱이 없는데 이상한 일이었다. 칠 년을 앓는 동안 일종의 병인지 머리에서는 늘 땀이 흘러 생활하는 데에도 방해가 되었다. 하지만 워낙 허약했기 때문에 언제부터인가 몸에서는 땀이 잘 나지 않았다.

아마 내가 너무 부끄러움을 타서 안 나던 땀까지 나나 보다 생각했다. 나중에 알고 보니 그것은 성령의 불을 받았기 때문에 나타나는 증상이었다.

어느덧 두려운 마음이 사라지고 그곳이 그렇게 싫지가 않았다. 또한 앞에서 흰 옷을 입은 여인이 무슨 말을 하는지 궁금해지면서 듣고 싶었다. 예전 같으면 자존심 상하여 듣지 않았겠지만 성령이 임하니 내 안에 큰 변화가 일어났다.

물론 고막이 터진 상태였기에 듣고자 해도 정확하게 알아들을 수는 없었다. 희미한 소리가 이따금 귓가를 스칠 뿐이었다. 설교가 끝나자 누나가 내 쪽을 향해 입을 열었다.

"동생, 이제 기도받는 시간인데 우리 기도받고 가세. 동생은 몸이 불편하니까 나중에 기도받아. 나중에 해 주는 기도가 훨씬 좋다네."

누나는 함박웃음을 머금은 채 연신 즐거워하는데 그 모습이 참 아름다웠다. 그런데 기도받기 위해 기다리면서 놀라운 광경을 보았다. 죽을병에 걸렸다는 사람들이 믿어지지 않을 만큼 건강한 모습으로 치료받은 과정을 간증했다.

하나님 능력으로 못 고칠 병이 없다고 말하는 이들의 모습은 진지했고 믿지 않을 수 없을 만큼 기쁨에 차 있었다. 자기의 모든 죄를 용서하고 질병을 치료해 주신 하나님께 감사와 영광을 돌린다고 간증하는 사람이 많았다. 더구나 기도받기 위해 기다리는 행렬은 진지하기 그지없었다.

드디어 내 차례가 되어 머리를 숙이자, 여인은 머리에 한 번 손을 대고 누르는 듯하더니 등을 탁 치며 무어라 말하고는 힘있게 등을 밀어냈다.

순식간에 나는 그 자리에서 수 미터 밀려났다. 빙판같이 주르르 미끄러지는 마룻바닥은 얼마나 많은 사람이 기도받고 지나간 자리인지 말해 주었다. 자리에서 일어나려는 순간 어떤 수

치감이 나를 감쌌다.

'중환자인 나를 다른 사람과 마찬가지로 이렇게 소홀히 취급하다니! 이런 기도로 어떻게 죽을병이 나을 수 있지?'

아픈 부위를 섬세하게 만지며 기도해 주기를 기대한 나는 참담한 기분마저 들었다. 순간 그 여인이 사기꾼일지도 모른다는 의심이 생기면서 기도받는 긴 행렬이 마치 수용소 안의 죄수들 같아 무척 불쌍하고 바보스럽게 느껴졌다.

오래전 구속당한 정읍 여인 사건이 떠올랐다. 전북 정읍의 어떤 여인이 능력을 받아 만병을 치료한다는 소문이 퍼지면서 일간지에까지 실려 전국에서 환자들이 모여들었다. 그런데 몇 명이 짜고 벌인 사기극으로 밝혀져 구속된 것이다.

그 사건을 떠올리는 동안 나는 아래층까지 다 내려와 있었다. 언제 내려왔는지도 모를 만큼 다리의 통증을 느낄 수 없었다. '너무 생각을 골똘히 해서 그런가 보다.' 여기고 누나와 같이 차를 타고 집으로 향했다.

누나는 몇 년 만의 소원을 풀었기에 기뻐서 어쩔 줄 모르며 연방 싱글벙글이었다. 그러나 나는 지친 몸을 버스에 싣고 아무 생각 없이 창밖을 내다보았다.

그러다가 갑자기 들려오는 굉음에 흠칫 놀랐다. 천둥 같기도 한 큰 소리가 귀 안에서 계속 울렸다. 금호동 시장 앞 버스 정류장에 내리고 나니 그 소리는 들리지 않았다.

'버스 안에서 들린 것이 무슨 소리였을까. 무슨 소리가 그렇게 크게 들렸을까?'

시장 골목에 들어서자 나는 아내가 운영하는 음식점으로, 누나는 아들네 집으로 향하였다. 그동안 아내는 간단한 분식과 튀김 등을 만들어 팔면서 가정을 꾸려 왔다.

가게 진열장에 놓인 음식을 보는 순간, 식욕이 당기며 그렇게 먹음직스러울 수 없었다. 문을 열고 들어서자마자 아내에게 음식을 부탁했다.

"여보, 나 배고파. 밥이랑 고기 좀 주구려. 빨리 좀 달라구."

"밥과 고기를 달라구요? 현신애 제단인가 다녀오시더니 어떻게 된 것 아니에요? 고기를 먹었다가는 큰일 나는 줄 알면서 그러세요? 조금만 참으세요. 고기 대신 다른 것으로 드릴게요."

일손을 멈추지 않고 말하는 아내에게 다시 부탁했다.

"여보, 나 지금은 무슨 음식이든 먹으면 다 소화할 수 있을 것 같아. 조금만 먹을 테니 걱정 말고 좀 줘요."

어린아이 보채듯 간청하면서도 자신 있게 말하는 나를 물끄러미 바라보더니 할 수 없다는 듯이 밥과 고기를 챙겨왔다. 얼마나 먹음직스러운지 몇 년 만에 느껴 보는 식욕이었다.

입 속에 들어간 음식은 혀끝에서 살살 녹았다. 예전에는 목에서 넘어가지 않아 많이 먹을 수 없었는데 그날은 잘도 넘어갔다. 밥 한 공기와 고기 한 접시를 눈 깜짝할 사이에 먹어 치운 것을 보고 아내는 걱정이 태산 같았다.

"당신, 정말 괜찮겠어요?"

오랜만에 맛있게 음식을 먹고 나니 사람 사는 맛을 느낄 수 있었고 기분이 그렇게 좋을 수 없었다. 포만감이 들어 의자에 기대어 있는데 사람들 말소리가 또박또박 들려왔다.

"손님, 지금 뭐라고 하셨지요? 음식을 주문하셨지요?"

"네, 떡볶이 2인분 달라구요. 빨리 좀 주세요."

다그쳐 묻는 나에게 손님은 이상하다는 듯이 대답했다. 나는 뛸 듯이 기뻐 "떡볶이 2인분!" 소리치며 아내에게 달려갔다.

"여보, 소리가 들려! 손님이 말하는 소리가 정확히 들려!"

나는 기쁨으로 가슴이 벅차올랐고 두 눈에 뜨거운 눈물이 고였다. 아까 버스 안에서 들린 큰 소리가 생각났다.

그날 밤 아내와 나는 두 귀가 또렷하게 들린다는 사실에 너무 기뻐서 어쩔 줄 몰랐다. 하지만 왜 이런 일이 일어났는지 깨닫지 못한 채 편안하게 단잠을 잤다. 오랜만의 나들이에 피곤하여 잠이 잘 오는가 보다 생각하면서….

나는 아침마다 습관적으로 하는 일이 있었다. 세수, 양치하는 일 외에 솜과 성냥개비를 준비하여 화장실에 가서 귓속을 닦아 내야 했다. 아내에게 더러운 모습을 보이지 않기 위해서였다.

다음 날 아침, 여느 날과 다름없이 화장실에 들어가 문을 잠갔다. 가져온 솜을 성냥개비에 말아 귓속을 닦았다. 솜이 깨끗했다. 한 번 더 닦았다. 그래도 아무것도 묻어 나오지 않았다.

"아니 웬일이야? 왜 이렇게 깨끗하지?"

다른 귀도 마찬가지였다. 갑자기 가슴이 울렁거리며 뛰기 시작했다. 어제 현신애 제단에서 간증하던 사람들이 떠올랐다.

나는 쿵쾅거리는 가슴을 애써 가라앉히며 손등을 살펴보았다. 뼈마디마다 있어야 할 고름이 보이지 않았다.

"아니, 고름이 없잖아? 모두 굳어 버렸네!"

밤새 까만 딱지로 변한 고름, 이럴 수 있을까? 이럴 수가! 나는 소매를 걷어 올리고 팔꿈치를 살펴보았다.

"팔꿈치에도 까만 딱지가 앉았네!"

화장실에 있을 수 없었다. 방 안으로 뛰어 들어가 옷을 벗었다. 뼈마디를 살필 때마다 두근두근 심장이 뛰었다. 무릎에도, 발목에도 노란 고름은 없었다. 휘둥그레진 눈을 굴리며 손을 들어 목을 더듬었다. 아무리 더듬어도 혹이 만져지지 않았다.

"혹들이 어디 갔지? 여기 있었는데? 어! 없네!"

손에 주렁주렁 잡혀야 할 멍울이 사라진 것이다. 믿을 수 없는 사실에 머릿속이 혼란스러웠다. 가슴은 마구 뛰었고 호흡이 정지되는 것 같았다. 순간 머리를 감싸 쥐고 벽에 기대었다. 아침에 일어났을 때부터의 모습을 차근차근 되새겨 보았다.

'잠 깨어 눈을 떠도 금방 일어날 수 없던 나! 일어나 앉아도 벽을 붙잡고 한참 있다가 일어서야 하고 화장실에 가려면 엉금엉금 기다시피 했는데…. 오늘 아침에는 어땠지? 오늘은 평소와 달리 쉽게 일어나 앉았고 현기증이 나지 않았어. 걸을 때에도 통증이 없었고….'

무릎을 펴 보았다. 쉽게 펴지고 역시 별다른 통증이 없었다. 구부려 보았다. 전혀 아프지 않았다.

"이럴 수가! 약도 먹지 않았고 침도 맞지 않았는데…. 게다가 수술한 것도 아닌데 하루아침에 이런 기적이 일어나다니…."

흥분이 가라앉지 않은 가슴을 쓸어내리며 현신애 제단에서 있었던 일을 차근차근 떠올렸다.

'3층에 올라갈 때만 해도 죽을힘을 다해 올라갔지. 기도하려고 눈을 감았을 때 등에서는 땀이 흐르고 그때부터 두려운 마음이 사라졌어. 기도받고 3층에서 내려올 때에는 너무 쉽게 내려왔지. 그래서 신기하게 여기고…. 그렇다면?'

'그래. 그때부터 내가 걸을 수 있었던 거야. 그곳에서 귀도 치료받았기 때문에 돌아오는 버스 안에서 그런 현상이 있었던 거고, 온몸에 흐르던 진물도 그때부터 멈추고 목에 있는 멍울도 없어진 거야! 맞아! 맞아!'

나는 고개를 끄덕이며 기적 같은 사실 앞에 살아 계신 하나님을 인정하지 않을 수 없었다. 놀라운 하나님의 능력 앞에 무를을 꿇지 않을 수 없었다. 뜨거운 눈물이 양 볼을 타고 흘러내렸다.

"하나님! 하나님은 정말 살아 계시군요!"

"정말 저를 치료해 주셨군요! 어쩌면 온몸을 이토록 말짱하게 치료하실 수 있습니까? 그 많은 병을 단번에 다 고쳐 주시다니요! 저는 하나님이 살아 계시다는 말을 들어도 믿지 않았고, 하나님은 죽을병도 고쳐 주실 수 있다고 해도 믿지 않았어요! 믿지 않았어요!"

"하나님, 죄송합니다! 저를 용서해 주세요. 하나님이 어디 있느냐고 큰소리쳤습니다. 용서해 주세요. 하나님! 죽을 수밖에 없던 저를 치료해 주시니 감사합니다! 너무나 감사합니다!"

밖에 있던 아내가 나의 울부짖는 소리를 듣고 놀라서 방으로 들어왔다. 여기저기 벗어 놓은 옷가지를 바라보며 걱정스런 눈으로 나를 살폈다.

"여보, 무슨 일이에요?"

"나 이제 살았어! 이것 봐! 하나님이 나를 치료해 주셨어. 하나님이!"

어리둥절한 아내는 나를 샅샅이 훑어보았다. 도무지 믿기지 않는 모양이었다. 하나씩 확인하고 나서야 하나님께서 치료해 주셨다는 말을 믿고 그 기쁨을 어찌 표현할지 몰라 나를 부둥켜안은 채 엉엉 울었다. 우리는 서로 얼싸안고 대성통곡하였다.

"여보, 정말 하나님은 살아 계시네요! 병도 치료해 주시는 하나님이네요! 기적이에요! 여보, 이제 사람답게 살게 되었어요!"

눈물과 웃음이 범벅이 되어 말하는 아내의 얼굴에서는 어제까지의 시름의 흔적을 찾아볼 수 없었다. 그때 방문 두드리는 소리가 나더니 둘째 누나가 들어왔다.

아내는 하나님의 놀라운 기적을 체험하고 그 기쁨을 누나에게 전하며 고마워 어쩔 줄 몰랐다.

"형님, 정말 감사합니다. 미영이 아빠가 어제 기도받고 오더니 그 많던 병이 다 나았대요! 걸을 수 있고요, 귀도 잘 들리고요! 이리 와 보세요. 하나님이 다 치료해 주신 거예요. 형님 덕분이에요. 저도 이젠 예수 믿고 열심히 교회 다닐게요."

1974년 4월 17일, 바로 이날은 내가 사망에서 생명으로 옮겨간 날이다. 영원히 잊을 수 없는 기쁨과 감동의 날, 하나님께서 나를 만나 주신 날…

— 3부 —

오! 신이시여

벼랑 끝에 선 내게
구원의 손길을
내밀어 주신 하나님,
끝이 보이지 않는
어둠의 터널 가운데
빛으로 다가오신 하나님,

그분은 정녕 살아 계셨다.
하나님의 존재를 부인하던 내게
먼저 찾아와 주셨다.

새로운
삶

나 같은 죄인 살리신
주 은혜 놀라워
잃었던 생명 찾았고
광명을 얻었네

벼랑 끝에 선 내게 구원의 손길을 내밀어 주신 하나님, 끝이 보이지 않는 어둠의 터널 가운데 빛으로 다가오신 하나님, 그분은 정녕 살아 계셨다. 하나님의 존재를 부인하던 내게 먼저 찾아와 주셨다.

나는 건강과 새 생명을 주신 하나님 앞에 무릎을 꿇었다. 무엇보다 먼저 교회에 가고 싶었다. 마당에 나가 교회 십자가를 찾으니 의외로 곳곳에 많은 교회가 있었다.

"어느 교회로 가야 할지 모르겠는 걸."

"우리 가게 바로 뒤에 교회 있잖아요. 가까운 곳이 좋지 않겠어요?"

아내와 나는 가까운 교회에 나가기로 결정했다. 마침 그날이 수요일이라 가게에 나가 일을 돕다가 저녁이 되어 혼자 교회에 갔다. 나를 단번에 치료하신 하나님, 죽음의 문턱에서 구원하신 하나님을 생각하며 교회를 향하는 발걸음은 날아갈 듯이 가벼웠다. 벅찬 마음으로 교회에 첫발을 내디딘 그날부터 나는 소풍을 기다리는 아이처럼 주일을 손꼽아 기다렸다.

주일이 되자 아내는 어린 딸들과 함께 교회 갈 준비에 바빴다. 나는 이 세상에서 아무것도 부러울 것이 없었다. 온 가족이 함께 나들이 가는 것을 알고 아이들은 너무 즐거워하였다. 그동안 병든 아빠를 놀리는 아이도 더러 있었는데, 이제 건강한 모습으로 함께 교회에 가니 얼마나 기쁘겠는가.

"아빠, 왜 교회에 가는 거예요?"
"아빠를 건강하게 해 주시고 우리에게 행복을 주신 하나님께 '감사합니다.' 하고 인사하러 가는 거란다."

교회에 들어서는 순간, 감격으로 마음이 부풀어 올랐다.
"나를 살리신 하나님! 감사합니다."
"하나님, 오늘에야 우리 가족이 모두 교회에 나왔습니다. 좀 더 빨리 나오지 못한 것이 후회됩니다. 이렇게 좋은 것을 왜 몰랐을까요?"

은은한 찬송과 함께 따뜻한 기운이 감싸며 고향에 돌아온 것처럼 안온하였다. 커다란 십자가가 낯설지 않았다. 찬송을 부르고 교독문을 낭송하는 성도들은 질서 정연하였다. 나는 어물어물 찬송을 따라 부른 후 기어들어가는 목소리로 교독문을 읽었지만 전혀 어색하지 않았다.

찬송에 이은 대표 기도, 아멘으로 화답하는 성도의 모습 등 모든 것이 감동으로 다가왔다. 설교시간이 되어 목사님이 예수님의 사랑과 은혜에 대해 말씀을 전하셨다. 목사님이 하시는 말씀을 다 이해할 수는 없었지만 감사하고 기뻤다.

난생 처음, 아내와 나란히 앉아 예배드리면서 자꾸 눈물이 나왔다. 아내도 눈물을 감추느라 애쓰는 모습이 역력했다. 예배가 끝났어도 떠나기 싫어 그 자리에 앉아 잠시 기도를 드렸다.

"하나님은 정말 살아 계십니다. 하나님을 알지 못했던 무지함을 용서해 주소서. 이제 새로 태어난 생명이오니 저를 도와주옵소서. 크신 능력으로 제 삶과 앞길을 인도하소서."

당장 성경이 있어야 했기에 새로 샀는데 비싼 것은 아니었지만 나를 치료하신 하나님 말씀이 쓰여 있다고 생각하니 너무나 귀하고 귀했다.

워낙 책 읽기를 좋아하고 7년 동안 앓는 중에도 독서하는 재미로 산지라 성경을 사자마자 읽기 시작했다. 종일 읽어도 재미있어 시간 가는 줄 몰랐고 예수님을 알면 알수록 그 사랑과 은혜가 감사하였다.

"나 같은 죄인 살리신 주 은혜 놀라워
잃었던 생명 찾았고 광명을 얻었네
큰 죄악에서 건지신 주 은혜 고마와
나 처음 믿은 그 시간 귀하고 귀하다"

밤이면 찬송을 부르며 기도했다. 그럴 때면 눈물이 솟고 가슴은 벅차올랐다. 마치 눈앞에 예수님이 계신 것 같은 감동의 시간이었다. 찬송 부르며 기도하다 보면 시간 가는 줄 몰랐다.

"예수님, 저는 하나님을 알지도 못하면서 아는 척하고 예수 믿으라는 둘째 누님을 무시하며 하나님이 어디 있느냐고 소리쳤습니다."

"열심히 찬송하고 기도하는 사람들을 보고 미쳤나 보다 하며 비웃었습니다."

"현신애 권사님이 제 마음에 맞지 않게 기도해 준다고 원망했습니다. 죽을병을 하나님께서 고쳐 주셨다고 간증하는 사람들을 의심했습니다."

"이렇게도 미련하고 교만한 저를 용서해 주옵소서. 예수님께서는 저를 죽음에서 건지고 생명을 주셨습니다. 슬픔에서 건져내 기쁨을 주셨습니다. 만 입이 있다 한들 어찌 그 감사를 다 표현하겠습니까. 하나님은 사랑의 하나님이요, 놀라운 능력의 하나님이십니다. 모든 영광 받아 주옵소서."

"예수님, 제가 무엇으로 그 은혜를 갚을 수 있을까요? 저에게는 물질이 없으니 무엇으로 갚아야 할까요? 저의 가장 귀한 마음을 드리고 싶습니다. 저의 사랑, 저의 마음을 받아 주소서."

나는 누워 살다시피 하며 칠 년 세월을 보내고, 이제 일어나 무엇이든 할 수 있게 되었으니 그동안 고생한 아내와 아이들을 위해 가장 노릇을 하면서 하나님께 마음껏 보답하고 싶었다. 산더미 같은 빚이 있었지만 건강을 찾았기에 자신감이 생겨났다.

그러나 현실은 만만치 않았다. 장사라도 해야 빚을 갚을 수 있겠는데 밑천이 없었다. 빚이 워낙 많아 더 이상 빌릴 곳이 없었고, 하나님을 믿지 않는 형제들에게 손 내밀기는 싫었다. 이자만 해도 매달 4만 원을 내야 하는데 내가 갈 수 있는 직장은 월급이 2만 원 정도였으니 포기할 수밖에 없었다.

또한 주일에는 꼭 교회에 나가야 한다고 생각했다. 아무리 월급이 많아도 주일에 일하는 곳은 피하다 보니 내가 일할 만한 곳이 마땅하지 않았다.

그러던 중, 잠수복 만드는 기술을 가진 사람의 권유로 몸도 회복할 겸 그를 따라다니며 조수 노릇을 했다. 처음에는 조금만 일해도 힘이 들었지만, 차츰 기력을 회복해 갔다.

아내는 변화된 내 모습을 보고 안쓰러워하면서도 기뻐하였다. 그동안 병에 시달리던 남편이 가정을 위해서 열심히 일하니 오랜만에 아내로서 행복을 느낀 것이다. 딸아이들도 일하러 나간 아빠를 기다리다가 귀가하면 목에 매달리며 반겼다.

참으로 오랜만에 가족 간의 사랑을 느낄 수 있었다. 아내와 자녀들이 사랑스러웠고 차츰 화목한 가정으로 변화되니 행복이 이런 것이구나 싶었다. 하루하루가 새로웠고, 구름을 헤치고 밝은 태양이 떠오르듯 앞날이 환하게 열리는 것을 느끼며 기쁨이 넘치는 나날이 계속되었다. 새로운 삶을 주신 하나님을 마음 다하여 날마다 찬송을 부르며 하나님께 영광을 돌렸다.

"나 이제 주님의 새 생명 얻은 몸
옛것은 지나고 새 사람이로다
그 생명 내 맘에 강같이 흐르고
그 사랑 내게서 해같이 빛난다
영생을 맛보며 주 안에 살리라
오늘도 내일도 주 함께 살리라"

용서할 수 있게
도와주소서

우리 부부는 부흥성회
시간마다 울었다.
이제는 용서하고자 하는
마음 주심에 감사해서 울었다.

    1974년 7월, 내가 질병을 치료받은 지 약 90일 되던 날이었다. 아버지 생신을 맞아 우리 가족은 고향을 찾아가기로 했다. 싸움과 고통만 있던 집안에 사랑과 평안이 깃드니 이전에 가져보지 못한 행복과 새 희망으로 부풀었다.

    내가 병들었을 때 쓸모없는 인간으로 대하던 집안 식구들. 동네 사람 보기 부끄럽다며 외면하던 얼굴을 떠올리면 고향에 가고 싶은 마음이 없었다. 그러나 이제는 하나님을 만나 건강을 되찾았기에 과거의 아픈 기억을 잊고 편안한 마음으로 가기로 했다. 한편으로는 나를 치료하고 새롭게 하신 하나님을 다른 사람들에게 자랑할 수 있음에 마음 설레기도 했다.

건강한 몸으로 여행길에 오른 것이 몇 년 만이던가? 차창 밖으로 스치는 산과 나무들, 눈부신 햇살 아래 푸른빛으로 일렁이는 논밭과 시내…. 온 세상이 한없이 아름다웠다.

아버지와 어머니, 형과 형수, 누나들과 매부, 조카들, 모두 모이고 나니 대가족이었다. 오랜만에 마음껏 먹고 마시며 동네 어른들과 함께 아버지 생신을 축하해 드렸다. 내 병이 나으리라고는 꿈에도 생각지 못한 집안 식구들과 동네 어른들은 건강한 내 모습을 보고 놀라움을 금치 못하였다.

"기적이구만, 기적이야. 자네 복받았어. 그런데 하나님이 고쳐 주셨다니, 그게 정말인가? 자네 운이 좋아서 나은 게야."

병이 나았다고 축하를 하면서도 하나님이 고쳐 주셨다는 말을 선뜻 믿으려 하지 않았다. 그러나 병이 나은 소식을 듣고 즉시 우상과 불단을 팽개쳐 버리고 교회에 나가기 시작한 어머니는 그들에게 살아 계신 하나님을 전했다.

"하나님이 고쳐 주셨다는데 왜 믿지 못하제? 내가 그토록 공들여 빌어도 낫지 않더니만 자기 누나랑 기도하러 가더니 말짱하게 나았당께. 다 죽게 생긴 재록이를 고쳐 주신 하나님을 믿어야제. 하나님뿐이여, 하나님."

오랜만에 자녀들이 다 모여 즐겁게 지내며 온종일 웃음이 떠나지 않자 부모님은 흐뭇함을 감추지 못했다. 7년 만에 건강을 되찾은 아들을 보니 얼마나 기뻤겠는가.

그런데 잔치가 끝날 무렵, 서울로 올라갈 채비로 바쁜 아내를 어머니가 부르셨다. 나에게 죽는 것이 효도라고 통곡하셨던 어머니는 그때 일이 민망했던지 아내를 위로하고자 한마디 하셨다.

"에미야. 그동안 고생 많았다. 네 팔자가 사나워서 결혼하자마자 남편이 병들고 가장 노릇까지 했지만, 이제는 저렇게 건강해졌으니 액땜으로 알고 이제부터 열심히 살아 보거라."

어머니 말씀이 끝나자마자 얼굴이 새파래진 아내는 부르르 떨면서 어쩔 줄 몰라했다.

"아범이 아팠던 것이 저 때문이라는 말씀이시네요?"

성격이 급한 아내는 더 말을 잇지 못하고 벌떡 일어섰다.

"알았어요. 이혼하면 되잖아요. 이혼한단 말이에요!"

"올케, 오해야. 그럴 수가 있는가."

아내는 말리는 누님을 뿌리치고 집을 뛰쳐나갔다.

나는 아버지와 형과 함께 술상 앞에 앉아 있다가 이 상황을 전해 들었다. 너무 놀란 나머지 평소 말주변이 없고 무뚝뚝한 어머니인 줄 알면서도 가만히 있을 수 없었다.

"어머니, 무슨 말씀을 그렇게 하십니까? 그동안 남편 병들어서 고생 많이 했다고 위로는 못해 줄망정 팔자가 사나워 남편이 병들었다고 하면 어떡합니까?"

"나가야 어디 가겠어. 좀 있으면 돌아올 거야. 그동안 우리

얘기나 하면서 기다리자고. 사실 말이지 제수씨가 너무 고집이 세고 손이 커서 이제껏 그렇게 살아왔지 뭘. 이번에 버릇을 단단히 들여 놓게. 시어머니 말 한마디에 집을 뛰쳐나가는 며느리가 어디 있어! 용서할 수 없는 일이야!"

그들은 나를 위로한다고 하면서 아내를 헐뜯었다. 위로가 되기는커녕 마음이 더욱 아팠다. '이제야 비로소 행복한 가정을 꾸려갈 수 있게 되었는데 이게 웬일이란 말인가!'

나는 괴로워서 더 이상 기다릴 수 없었다. 모든 꿈이 산산조각 난 허탈감에 감정을 절제할 수 없었다. 부엌으로 뛰쳐나가 소주 한 병을 단숨에 벌컥벌컥 마시고는 큰 소리로 하고 싶은 말을 쏟아 냈다.

"당사자도 없는데 무엇을 안다고 그처럼 흉들을 보십니까. 그것이 저를 위로하는 것입니까? 정 그러면 죽어 버리겠어요!"

갑자기 아내가 이혼을 선언하고 가출한 데에다 나까지 죽어 버리겠다고 소동을 일으키니 아버지도 큰 충격을 받으신 모양이었다. 그 충격으로 아버지는 실명하시고 말았다. 일흔이 넘은 나이에도 늘 한문 서적을 밤늦게까지 보고 신문을 읽곤 하셨는데 아무것도 볼 수 없게 된 것이다.

지금 생각해 보면 참으로 가슴 아픈 일이다. 그러나 당시로서는 아내를 이해하지 못하는 가족이 너무 밉고 싫었다. 나는 아내 마음을 이해할 수 있었다.

'고생은 하나도 알아주지 않고 며느리 탓만 하는 시어머니가 얼마나 서운했으면 집을 나갔을까? 칠 년이란 긴 세월을 오직 병든 남편을 위해 살았건만…'

나는 마냥 기다릴 수 없었다. 서울로 가 버렸다는 생각이 들어 아내를 찾아 나섰다. 큰딸 미영이만 데리고 밤기차를 탔다. 아내를 빨리 찾고 싶은 마음에 천천히 달리는 기차가 야속하기만 했다. 집에 도착하기 무섭게 큰 소리로 아내를 불렀다.
"여보, 문 열어! 우리 왔어!"
아무런 인기척이 없었다. 가게로 달려갔으나 문이 잠겨 있었다. 말할 수 없이 허탈했다.
차츰 불안감이 엄습했다. 몇 년 만에 찾은 행복인가. 아내를 만나지 못한 채 이대로 지낼 수는 없었다. 하지만 말 한마디 없이 가출한 아내를 찾을 길이 막막했다.

다음 날, 아내는 집으로 돌아왔지만 이미 딴사람으로 변해 있었다. '설마 헤어질 생각을 할까?' 하며 붙들었던 희망은 산산조각이 났다.
"저는 이제 헤어집니다. 이미 고향에 가서 이혼 수속을 시작했어요."
아내의 결심은 흔들리지 않았다. 나는 어안이 벙벙해 더 말할 용기가 나지 않았다.

며칠 후, 아내는 친정 식구들과 함께 시집올 때 가져온 살림살이를 실어 가려고 들이닥쳤다.

"이젠 이 집 사람 아닐세."

찬바람을 일으키며 버선 짝 하나 남김없이 챙겨가는 아내와 가게 전세금까지 빼 가려는 처가 식구들…. 그 모습을 차마 보고 있을 수 없었다. 다섯 살 난 미영이는 벌써 돌아가는 상황을 눈치 채고 엄마의 치맛자락을 붙잡고 울면서 소리쳤다.

"엄마! 가지 마! 나랑 같이 살아!"

"마음 강하게 먹어! 인정사정 보면 안 돼!"

아내는 모질게 미영이를 밀쳐 버렸지만, 아이는 또다시 달려가 치맛자락을 붙잡고 애원했다.

"엄마! 가면 안 돼! 나 버리지 마. 나 버리고 가면 죽어!"

금호동 시장 안에는 많은 사람이 북적댔다. 하지만 미영이는 엄마의 치맛자락에 매달린 채 울부짖으며 따라갔다. 냉정하게 딸아이를 뿌리친 아내는 택시를 타고 휑하니 가 버렸다. 신발이 벗겨진 채 울며 사정하던 미영이는 정색을 하며 말했다.

"아빠, 이제 우리 엄마 아니야. 다시는 엄마라고 부르지 않을 테야. 이제 절대로 우리 집에 못 오게 해."

나는 미영이 말에 놀라지 않을 수 없었다.

'어린아이가 어떻게 저렇게 말할 수 있을까? 어린 마음에 얼마나 큰 상처가 되었으면 저렇게 말할까?'

가슴에 커다란 구멍이 뚫린 듯 허탈함과 서글픔이 휘몰아쳤다. 그러나 아내가 설마 이혼 수속을 하랴 싶어서 그날부터 기도했다.

"하나님, 아내가 집을 나갔습니다. 아내를 다시 보내 주셔서 열심히 하나님 믿으며 사는 화목한 가정이 되게 해 주시기 원합니다. 어린아이들도 있으니 다시 돌아오게 해 주세요."

보름간 열심히 기도하며 아내가 있을 만한 처가나 친척 집을 찾아가곤 했다. 그러나 만날 수는 없었다.

"이젠 자네 사람이 아니지 않은가? 그만 찾고 포기하게. 아무리 찾아도 만날 수 없을 걸세. 새장가 들 생각이나 하게."

장모님은 아예 만나지 못하도록 문전박대하였다. 쌍수를 들고 이혼하기를 바라는 처가 식구가 야속했지만 어쩔 수 없었다.

아내가 짐을 챙겨 나간 후 주위 사람들은 나에게 일을 나가도록 권했다. 어린 딸을 생각해도 방황하는 것보다 마음잡고 일하는 편이 나을 것 같았다. 이때부터 노동을 하게 되었다.

새벽같이 일어나 밥을 먹고 미영이를 형 집에 맡긴 뒤 일하러 나갔다. 난생 처음 하는 노동이라 아무리 열심히 해도 다른 사람 작업량의 반 정도밖에 하지 못했다. 중도에 포기하고 싶은 마음이 굴뚝같았으나 오기로 일을 했다.

일을 마치고 밤늦게 미영이를 데려오곤 하였는데 이런 생활에도 한계가 있었다. 결국 미영이도 시골 할머니 댁에 보내고 말았다. 얼마 후 미영이가 온몸에 부스럼이 나서 고생하다가 병원에 입원했다는 연락이 왔다. 고열로 의식불명 중에 계속 엄마를 찾는다고 했다. 생명이 위독하니 엄마가 내려왔으면 좋겠다는 것이다.

나는 용기를 내어 처가에 다시 찾아갔다. 법적으로 이혼 상태라는 것을 몰랐기에 어린 딸을 위하여 용기를 낸 것이다. 처가에 찾아가 사정을 이야기했으나 장모님은 염려하기는커녕 냉정하게 말씀하셨다.

"도리어 잘되었네. 미영이 때문에 내 딸이나 자네나 마음이 무거웠잖은가? 홀가분하게 새장가 들 수 있으니 더 잘되었네."

결국 미영이는 엄마를 보지 못했지만 다행히 건강을 회복했다. 나는 삶에 지치고 인간의 악함에 지쳐서 다시 방황의 길로 빠져들었다. 하나님을 만나 질병을 치료받았고, 기도할 줄 알았지만 하나님 말씀을 잘 몰랐기 때문에 회오리바람처럼 불어닥친 가정 파탄을 견딜 힘이 없었던 것이다.

그래서 다시 술을 마셨다. 마시고 또 마셨다. 아내와 이혼하게 만든 어머니가 미웠고 시어머니 말 한마디에 이혼해 버린 아내가 미웠다. 그토록 아내를 찾아 헤매는 나를 문전박대하는 처가 식구도 미웠다. 미운 사람들을 잊기 위해 술을 마시지 않을 수 없었다.

불쌍한 나의 두 딸! 부모가 있어도 그 품에서 자라지 못하는 딸을 잊기 위해 담배도 피웠다. 공중으로 사라지는 담배 연기 속에 딸의 얼굴을 실어 보내야만 마음이 편했다. 돈이 생기는 대로 오락을 취하며 잊으려 했다. 그러나 마음은 답답해져만 갔다.

"난생 처음 찾은 행복을 이대로 잃어버릴 수는 없어!"

울분을 참지 못하고 소리치는 나에게 하나님께서는 깨달음을 주셨다. '잃었던 건강을 찾게 해 주신 이는 하나님, 그러니 현재의 고통에서 나를 건지실 이도 오직 하나님뿐이다. 이렇게 방황한다고 해결될 일이 아니다. 내가 행복을 잃지 않으려고 아무리 발버둥 쳐도 이미 찾을 수 없지 않은가. 모든 것을 하나님께 맡기자.'

나는 가정 파탄을 인정해야 했다. 아내 때문에 이런 아픔을 맛보았지만 하나님까지 버릴 수는 없었다. 찬송을 부르며 예수님을 붙잡고 힘을 얻었다.

"고통의 멍에 벗으려고 예수께로 나옵니다
낭패와 실망 당한 뒤에 예수께로 나옵니다
십자가 은혜 받으려고 주께로 옵니다
슬프던 마음 위로받고 이생의 풍파 잔잔하며
영광의 찬송 부르려고 주께로 옵니다
실망한 이 몸 힘을 얻고 예수의 크신 사랑받아
하늘의 기쁨 맛보려고 주께로 옵니다"

나와 한 몸을 이루고 자녀를 낳은 아내, 숱한 고난을 함께 이기고 예수님을 영접했지만 결국 나를 버리고 떠났다. 이 일을 통해 나는 많은 것을 깨달았다. 오직 하나님만이 끝까지 나를 사랑하고 버리지 않으신다는 사실을 확실히 알게 되었다.

아내와 나는 결국 남남이 되었다. 훗날에야 우리가 이혼할 수밖에 없었던 것은 아내가 평소에 부정적으로 말한 것들이 쌓여 사단의 올무가 되었기 때문임을 성경을 통해 알 수 있었다.

내가 병상에 있을 때 "당신 병이 낫기만 하면 이혼할 거예요. 내가 지금 이혼하지 않는 것은 병신 남편을 버리고 이혼한 못된 여자라는 말을 듣기 싫기 때문이에요."라고 입버릇처럼 말했다. 잠언 13장 2, 3절에 "사람은 입의 열매로 인하여 복록을 누리거니와 … 입을 지키는 자는 그 생명을 보전하나 입술을 크게 벌리는 자에게는 멸망이 오느니라" 말씀하신 대로 아내는 부정적인 말로 씨를 뿌리더니 그대로 거둔 것이다.

아내와의 이혼 소동으로 충격을 받으신 아버지는 시름시름 앓기 시작했다. 어머니는 나를 그냥 보고 있을 수 없다며 새장가 들어야 한다고 성화였지만 그때마다 거절했다.

"어머니, 저는 미영이 엄마 아닌 다른 사람하고는 안 삽니다. 반드시 돌아올 겁니다."

그러나 몇 달에 걸친 어머니의 성화에 못 이겨 시골에 내려가 선을 보았다. 나는 어떤 여자이든지 인사만 하고 그냥 나오겠다는 생각이었다. 선을 볼 여자는 효성이 지극하고 천성이 착한 노처녀라고 했다. 미신을 신봉하는 그 여인의 어머니가 자기 딸은 재혼하는 남자에게 가야 행복하다며 적합한 사람을 찾던 중에 나를 소개받은 것이다.

참으로 하나님 섭리는 오묘했다. 맞선 장소에 나가 보니 예전에 내가 이상형이라고 생각한 천사 같은 여인이 있었다. 당시에도 나는 흰색을 좋아했는데 눈처럼 하얀 투피스를 입고 머리를 길게 늘어뜨린 늘씬한 여인이 마치 그림 같은 모습으로 앉아 있는 것이 아닌가? 얼마나 아름다운지 눈을 의심할 지경이었다.

우리는 서로 마음에 들어 했고, 양가에서는 결혼 준비를 서둘렀다. 나는 아내가 떠난 이후에 다른 여자는 전혀 눈에 들어오지 않았었다. 그런데 그 여인과 맞선을 본 뒤에는 무슨 일이 있더라도 아내와만 살겠다던 결심이 한순간에 물거품처럼 사라졌다. 이러한 변화를 보면서 나 스스로 적잖은 충격을 받았다.

아내를 사랑하는 마음에는 변함이 없다고 생각했는데 나도 모르게 변한 모습을 발견했기 때문이다. '법 없이도 살 사람이라고 한 내가 아니던가. 결코 변하지 않으리라 생각한 내 마음도 결국에는 변하는구나.'

결혼 날짜를 잡고 사주단자가 오가던 어느 날, 이혼한 아내가 찾아왔다. 긴히 할 말이 있다고 했다. 결혼한다는 소문을 들은 아내는 나를 떠보려고 하였으나 조금도 요동함이 없는 것을 보고 조급함이 생기는 듯하였다.

뜻을 굽힐 아내가 아닌데 막상 내가 자신에게서 마음이 떠났고, 다른 여인과 재혼한다는 사실 앞에 마음이 흔들린 것이다. 아내 역시 나만은 결코 변치 않으리라고 굳게 믿고 있었다.

그날 밤, 집에 돌아와 잠을 자는데 갑자기 마루에 무언가 '쿵' 하고 떨어졌다. 아내가 보따리를 이고 집으로 돌아온 것이다. 이미 나는 마음을 정하고 다른 여인과 결혼을 약속한 몸이 아닌가? 나는 보따리를 다시 밖으로 집어던졌다. 그러자 아내는 그 보따리를 주워서 다시 올려놓았다. 집어던지고 올려놓기를 반복하며 옥신각신하는 소동이 한참 동안 계속되었다.

이제 와서 나보고 어쩌란 말인가? 나는 아내를 잊고 새로운 삶을 시작하려 마음먹은 데다, 남편과 자식을 버린 원한이 뼈에 사무쳐 아내에 대한 정이 끊어졌다. 남은 것이라고는 아직 사라지지 않은 미움뿐이었다. 나는 '주님이라면 이럴 때 어떻게 하셨을까?' 생각하며 잠시 기도했다.

'하나님, 아내가 돌아와 용서를 빕니다. 일흔 번에 일곱 번이라도 용서하라 하셨는데 어떻게 해야 할까요? 내가 당한 고통을 생각하면 아직 미움이 남아 있습니다. 또 결혼하려는 여자가 이미 저에게 있습니다. 그러나 어린 두 딸을 생각하면 새엄마보다

친엄마가 낫겠지요? 제가 어떻게 해야 할까요? 인도해 주세요.'

나는 아내에게 말했다.

"비록 내가 용서를 한다 해도 우리 부모 형제가 용서하지 않을 테니 돌아가요."

그러나 아내는 막무가내였다.

"제가 다 용서를 받겠어요. 죽어도 나가지 않을 거예요."

양같이 순하면서도 강경한 어조였다. 얼마 전 모습과는 전혀 딴판이었다. 나는 조건부로 아내를 용서하기로 했다. 남편에게 무조건 순종하고 우리 부모 형제, 일가친척의 용서를 받아야 하며 처가 식구가 와서 사과를 해야만 다시 받아들이겠다고 했다.

아내는 내가 말한 대로 다 하겠다고 했다. 결국 나는 맞선을 통해 결혼하기로 한 처녀 어머니를 찾아갔다. 사정을 솔직히 말씀드렸더니 의외로 쉽게 이해해 주셨다. 그리하여 나는 아내를 용서하고 다시 한 몸이 되었다. 그동안 하나님께서는 독선적인 아내를 양같이 순하게 변화시키셨다. 이것도 하나님의 섭리 가운데 한 부분임을 깨달은 것은 훨씬 뒤의 일이다.

1974년 11월 초, 아내는 짐을 가지고 다시 집으로 돌아왔고 우리 가정에는 새로운 행복이 깃들었다. 나는 살아 계신 하나님을 만난 체험이 있기에 이혼 소동으로 심한 고통을 받는 중에도 주일에는 빠지지 않고 교회에 갔다. 그러나 교회의 적극적인 인도가 없었기에 진리를 깨우치지 못했다.

마침 새로 이사 간 집주인 권유로 어느 부흥성회에 참석하게 되었다. 우리 부부는 새로운 마음으로 열심히 참석하였다. 매시간 헌금을 준비하여 하나님께 드리며 금자리라고 불리는 맨 앞자리에 앉아 풍성한 은혜를 구했다.

나는 비로소 성경이 하나님 말씀이며 예수님이 누구인지 알게 되었다. 기도하는 법과 십일조와 감사 헌금을 드리는 것에 대하여, 또 믿음이 무엇인지도 알게 되었다.

그동안 나는 나름대로 착하게 살아왔다고 자부했다. 그러나 말씀에 비추어 보니 큰 죄인임을 깨닫고 첫 시간부터 계속 눈물과 콧물을 흘리며 통회자복 하였다.

아내 또한 룻기 설교를 듣더니 통회자복 하는 것이 아닌가. 젊은 나이에 남편이 죽었는데도 시어머니를 떠나지 않고 끝까지 잘 섬긴 룻! 아내는 시어머니의 말 한마디에 집을 뛰쳐나가 이혼까지 감행한 잘못을 뉘우쳤다.

"어머니, 제가 잘못했어요. 이제부터는 룻처럼 며느리 노릇 잘하겠어요."

내가 다른 여자와 결혼할 것이라는 충격적인 소식을 듣고 용서를 빌었지만, 여전히 시어머니에 대한 미움이 남아 있던 아내가 그날로 새로워졌다.

부흥성회 강사님의 말씀은 한 맺힌 나의 마음을 찔렀다.

"형제를 미워하는 자마다 살인하는 자니 살인하는 자마다 영생이 그 속에 거하지 않습니다 … 의를 행치 아니하는 자나 그 형제를 사랑치 아니하는 자는 하나님께 속하지 않습니다."

나는 하나님 뜻대로 살고자 간절히 기도했다.

"예수님, 저를 병신, 사기꾼이라고 부르며 핍박하던 장모님이 기억납니다. 저에게 쌓인 원한을 잊게 도와주소서."

"남편 노릇 못하고 돈 벌지 못한다고 짜증 부리던 아내가 미워서 내가 낫기만 하면 돈을 벌어 복수하리라 품었던 한을 녹여 주소서."

"내 중심을 모르면서 돈 벌지 못한다고 마음대로 욕하며 핍박하던 사람들, 입에 달면 삼키고 쓰면 뱉는 세상 사람들에게 품은 미움도 사랑으로 바뀌게 도와주소서."

"모든 사람을 용서할 수 있게 도와주소서."

우리 부부는 부흥성회 시간마다 울었다. 서럽던 지난날을 떠올리며 울고 하나님 사랑이 고마워서 울고, 이제는 용서하고자 하는 마음을 주심에 감사해서 울었다.

나의 갈 길
다 가도록

이제 하나님을 알고
그분의 사랑을 받으니
이 땅의 부귀영화가
조금도 부럽지 않았다.

　　거센 폭풍이 지나간 뒤에 평온이 깃드는 것처럼 우리 가정도 아내가 돌아오자 서서히 안정을 되찾았다. 비록 경제적으로는 여유가 없었지만 아내의 입술에서는 늘 찬송이 흘러나왔고 웃음이 사라지지 않았다.

　　남편에게 순종하며 섬기는 아내의 모습에서 어떤 불만이나 근심의 모양을 찾아볼 수 없었다. 또한 아내는 시집 식구의 용서를 받고 새롭게 살아갈 각오를 하였다. 아내의 변화된 모습을 보고 모두 기뻐하였다. 나도 이제 아내를 용서하였으니 새 희망을 갖고 사람다운 삶을 살고 싶었다.

나를 단번에 치료해 주신 하나님 능력과 사랑에 힘입어 이 세상을 산다면 부러울 것이 없다. 이렇게 기쁨과 평안 가운데 살다가 천국이라는 좋은 곳에 가서 살 수 있다니 얼마나 기쁜 일인가. 천국에는 눈물, 슬픔, 고통, 질병이 없고 오직 하나님 사랑 가운데 영원히 행복하게 살 수 있으니 얼마나 좋은가!

나는 질병으로 고통당해 보았기에 질병 없는 곳이 좋고, 많은 사람으로부터 멸시받으며 슬픔을 당해 보았기에 천국이라는 곳에 대해 말만 들어도 좋았다. 나도 그곳에 꼭 가고 싶었다. 전지전능하신 하나님을 아버지로 모시고 영원히 살아갈 것을 다짐하면서 앞길을 맡겼다.

"하나님 아버지, 이제는 하나님이 저의 아버지십니다. 저는 아들입니다. 하나님 아들답게 살겠으니 항상 보살펴 주시고 인도하시며 가르쳐 주셔야 합니다. 이 세상에서도 천국에서도 언제까지나 저의 아버지가 되십니다."

이때부터 나의 삶은 더욱 새로워졌다. 어떤 예배에도 빠지지 않았다. 주일 낮, 저녁, 수요일 저녁 등 각종 예배에 참석하며 말씀을 들으면 듣는 대로 그대로 행하려고 노력했다.

그러나 그 말씀을 다 깨닫지는 못하였다. 특별히 신앙을 지도해 주는 사람이 없기에 노력만으론 하나님 말씀을 제대로 알 수 없었다. 그래도 내가 할 수 있는 것은 열심히 했다.

예를 들어, '범사에 감사하라'는 말씀을 읽거나 들으면 내가 정말 모든 일에 감사하고 있는지 돌아보며 하나님께 도움을 구했다.

"하나님, 범사에 감사합니다. 그런데 노동을 할 때 너무 힘이 들어 감사하지 못할 때가 있습니다. 하나님 보시기에 감사하는 것 같지 않습니다. 온전히 감사하게 도와주세요."

어린아이처럼 하나님과 대화하며 마음속으로 기도하면 내가 진정 감사하는지, 왜 감사해야 하는지 깨달음을 주셨다. 나는 노동을 계속했다. 새벽에 집을 나가 종일 일하고 나면 밤엔 끙끙 앓을 지경이었다.

중도에 포기하고 싶은 생각이 굴뚝같았다. 그럴 때면 '참고 견뎌야 한다.' 하고 마음을 다지며 일하곤 했다. 날이 갈수록 피곤을 덜 느꼈고 식욕이 왕성해졌다. 무슨 음식을 먹든지 소화가 잘되었다. 아무리 힘든 일이라도 할 수 있다는 자신감이 생길 만큼 강건한 몸으로 바뀌었다.

나는 노동을 강권적으로 시키시는 이유를 깨닫고 하나님의 놀라운 지혜와 사랑 앞에 감사하지 않을 수 없었다.

"오! 하나님! 감사합니다. 나에게 노동을 하도록 인도하신 하나님, 누가 하나님 섭리를 깨닫겠습니까? 하나님의 지혜로운 방법을 깨달았습니다. 하나님의 놀라운 사랑을…."

병은 치료되었으나 오랫동안 활동하지 않아 약해진 몸을 강하게 하기 위해 하나님께서 노동을 허락하셨음을 깨닫고 진정으로 감사드렸다. 말씀을 가까이하니 그것은 나를 하나님 자녀답게 살아가도록 하는 길잡이가 되었다.

밤이면 잠 못 이루는 날이 잦았다. 하나님 자녀로서 새롭게 주어진 삶을 어떻게 보람 있게 살아갈 것인지 상상의 나래를 펴노라면 희망과 꿈에 부풀어 잠이 오지 않았다.

나에게 가장 큰 소망은 말씀대로 살며 화목한 가정을 이루는 것이었다. 응답해 주시는 전지전능하신 하나님을 믿기에 무릎을 꿇고 기도했다.

"하나님 아버지, 저는 남편으로서 아내를 사랑하고 아내는 남편을 섬기며 자녀들과 함께 화목한 가정을 이루기 원합니다. 나의 갈 길 다 가도록 믿음이 있기에 행복하게 하소서. 소망이 있기에 기쁘게 하소서. 사랑이 있기에 화목하게 하소서."

다시는 지나간 고통의 세월이 그림자를 드리우지 못하도록 열심히 기도했다. 우리 가정은 믿음으로 기도한 대로 평안과 기쁨, 감사가 넘쳤다. 늘 찬송과 기도가 끊이지 않는 아름다운 가정이 되었다.

그러나 경제적으로는 어려웠다. 아내가 가출하고 이혼 절차를 밟는 동안 가게 문을 닫아서 이자가 늘었다. 나는 밥을 굶을지언정 남에게 피해 주지 않기를 원했다. 어찌하든 빚을 갚아야 한다고 생각했기에 열심히 일했다.

직업에 귀천이 없으니 무슨 일이라도 상관없었다. 막노동을 했고 아파트 연탄배달 관리를 하기도 했다. 아내도 인천에 가서 조개젓을 사다가 장사하는가 하면 미역장사, 돌멩이 줍는 일도 했다. 돈을 벌 수 있는 일이라면 무엇이든 개의치 않고 기쁨으로 했다.

나에게 두 번째 소망이 생겨났다. 하나님께서 주시는 일터에서 축복을 받아 마음껏 영광 돌리며 가난하고 불쌍한 사람을 돕고 싶었다. 하나님의 축복을 믿었기에 일터를 놓고 기도했다.

"이제까지 노동을 하며 하나님이 좋은 일터 주시기를 기다렸습니다. 신속히 주시기 원합니다. 저의 모든 사정과 형편을 아시는 하나님께서 합당한 일터와 놀라운 축복을 주실 줄 믿습니다."

내가 가장으로서 책임을 다하며 하나님 나라를 위하여 봉사하려면 물질의 축복을 받아야겠다는 마음에서 기도를 한 것이다. 하지만 하나님 영광을 위하여 다른 사람의 도움을 모두 거절하였다. 둘째 형이 장사 밑천을 대준다고 할 때에도 정중히 거절했다. 나중에 축복을 받으면 하나님께 영광 돌리지 않고 형 덕분이라고 할 것이기 때문이다.

많은 돈을 벌 수 있는 일자리가 있었지만 온전히 주일을 지킬 수 없는 일이기에 그 또한 단호하게 거절했다. 아무리 월급이 많다 해도 주일을 어길 수는 없었다. 하나님이 길을 열어 주시면 축복을 받을 줄 믿기에 노동도 마다하지 않고 열심히 하며 기다리기로 하였다.

나에게는 세 번째 소망이 있었다. "저의 모든 질병을 깨끗이 고쳐 주신 하나님, 저와 우리 가족 모두에게 항상 건강을 주시고 질병이 근접하지 못하게 지켜 주실 줄 믿습니다. 저의 질병을 깨끗이 치료받아 살아 계신 하나님을 만났고 믿었습니다. 저처럼 질병으로 고통받는 사람들이 얼마나 많습니까? 그들에게 살아 계신 하나님을 전하고 싶습니다."

나는 틈나는 대로 전도했다. 나에게 얼마나 많은 병이 있었고 하나님이 나를 어떻게 치료해 주셨으며, 하나님께서 우리를 얼마나 사랑하시고 예수님을 믿으면 어떤 축복이 임하는지 열심히 전했다. 막노동을 하면서 노동자들에게 전했고, 일가친척과 주변에 사는 이웃에게 전했다. 내 마음속에는 언제부터인지 장로가 되어 하나님 일을 더 많이 하고 싶은 마음이 불같이 일어나고 있었다.

우리 가정환경은 어느 누가 보아도 기뻐할 것이 없는데 기뻐했고, 감사할 것이 없는데 감사가 넘쳤다. 갚아야 할 빚이 많은 데다 겨우 쌀 한 되씩 사다가 끼니를 해결하는 살림에도 아내는 웃음을 잃지 않았으며 아이들도 구김살 없이 밝게 자라주었다.

우리에게는 교회에 가는 즐거움보다 더 큰 즐거움이 없었다.

더욱이 이웃을 전도하여 교회에 가는 날에는 기쁨을 이기지 못하여 길을 걸으면서도 찬양이 절로 흘러나왔다.

집에서도 찬양이 그치지 않았다. 아이들이 율동하며 노래하면 그 모습이 그렇게 예쁘고 사랑스러울 수 없었다. 내가 보아도 그러한데 하나님께서 보실 때에는 얼마나 기쁘셨겠는가!

사랑의 하나님을 알지 못하고 고통받았던 우리 가정이 이제 하나님을 알고 그분의 사랑을 받으니 천국이 따로 없었다. 이 땅의 부귀영화가 조금도 부럽지 않았던 것이다.

"나의 갈 길 다 가도록 예수 인도하시니
내 주 안에 있는 궁휼 어찌 의심하리요
믿음으로 사는 자는 하늘 위로받겠네
무슨 일을 만나든지 만사형통하리라
무슨 일을 만나든지 만사형통하리라"

4부

연단은
소망을

주님의 핏값으로 사신
천하보다 귀한 영혼인데
어찌 한 영혼이라도
잃을 수 있겠는가….
더욱 생명 다해
양 떼를 인도해야 한다.
상한 갈대와 같은 영혼들도
꺼져 가는 심지와 같은 영혼들도
다 품어 안아야 한다….

나는
죄인이었다

하나님과 주님의 사랑이
너무나 감사하여
눈물이
한없이 흘러내렸다.

주님을 영접한 후 새로운 꿈에 부풀어 살아가는 우리에게 놀라운 하나님 축복이 임했다. 1974년 11월, 옥수동 성동교회에 기성교회 박병옥 목사님이 강사로 오셔서 '몽땅 털어 거지 되자'라는 제목으로 부흥성회를 인도하셨다.

강사님은 첫째 날 저녁 집회 도중 단에서 내려오더니 특별히 우리 부부에게 안수하셨다. 그다음 날 오전 예배에는 일이 있어 참석하지 못하였는데 강사님이 찾으셨다고 한다.

"이 부흥성회는 그 부부를 위해 하나님께서 특별히 준비하신 것입니다. 집회 시간마다 빠지지 말고 참석해야 합니다. 이웃에 사시는 분이 꼭 연락해 주시기 바랍니다."

우리 부부는 화요일 저녁 시간부터 새벽, 낮, 저녁 집회에 빠짐없이 참석했다. 말씀을 통해 천지 만물과 사람을 창조하신 하나님에 대해 알게 되었다. 하지만 이에 담긴 하나님의 깊은 섭리는 아직 알지 못했다.

이후 주의 종이 되어 갈급한 심령으로 하나님의 뜻을 알고자 기도하고 금식하였을 때에 하나님께서 인간 경작의 섭리를 자세히 알려 주셨다. 간략히 소개하고자 한다.

우리가 죄인이라는 사실을 인정하기 위해서는 무엇보다 하나님께서 천지 만물과 사람을 창조하셔서 인류 역사와 우리의 생사화복을 주관하신다는 것을 믿어야 한다. 그러기에 성경의 첫머리인 창세기 1장 1절에 "태초에 하나님이 천지를 창조하시니라" 말씀하셨다. 낮과 밤, 하늘, 땅, 바다, 식물, 해, 달, 별, 동물, 사람 등 천지와 만물을 창조하신 것이다.

창세기 2장 7절에는 "여호와 하나님이 흙으로 사람을 지으시고 생기를 그 코에 불어넣으시니 사람이 생령이 된지라"고 하여 사람을 창조하신 과정이 나온다. 하나님께서는 남자와 여자를 창조하시고 그들에게 복을 주시며 "생육하고 번성하여 땅에 충만하라, 땅을 정복하라"고 하셨다(창 1:27, 28).

이것이 바로 창조주 하나님의 지혜로 우주 만물을 설계하고 창조하여 주관한다는 창조론이다. 반면에 진화론은 우연하게 생명이 발생하여 종류대로 진화되었다는 이론이다.

연단은 소망을

사람은 생명의 근원을 창조론에 두느냐, 진화론에 두느냐에 따라 삶의 방식을 달리한다. 진화론을 믿는 사람은 인본주의자로서 자기 마음대로 먹고 마시며 이 세상에 소망을 두고 살아간다. 반면에 창조론을 믿는 사람은 신본주의자로서 창조주 하나님의 뜻대로 살며 천국에 소망을 두고 살아간다.

그러면 우리는 창조론과 진화론 중에 어느 것을 믿어야 하는가? 높은 건물을 세우려면 먼저 설계자가 건축자 마음에 맞도록 지혜를 동원하여 설계해야 한다. 그래야만 설계대로 건물을 지을 수 있다. 비단 건물뿐 아니라 세상 어떤 물건도 우연히 만들어진 것은 없다.

하물며 한 치 오차 없이 정확하게 운행되는 태양계를 포함하여 오묘한 질서와 조화 가운데 돌아가는 우주 만물이 우연히 만들어져 저절로 움직이겠는가? 창조주 하나님께서 그 모든 것을 설계하고 창조하셨음을 믿어야 한다.

하나님께서는 자신의 형상을 좇아 흙으로 사람을 빚으셨다. 도자기를 빚는 사람들처럼 정성스럽고 사랑스럽게 빚은 후 코에 생기를 불어넣으셨다. 그리하여 사람은 생령이 되어 피가 돌고 호흡을 하며 살아 움직이게 되었다. 텔레비전에 전류가 흘러야 화면이 나와 시청할 수 있는 것과 마찬가지다. 최초의 사람 아담을 창조하신 하나님께서는 그와 동행하며 천지 만물의 조화, 영계의 법칙과 진리의 말씀 등을 가르쳐 주셨다.

"생육하고 번성하여 땅에 충만하라"

"땅을 정복하라, 모든 생물을 다스리라"

"동산 각종 나무의 실과는 네가 임의로 먹되 선악을 알게 하는 나무의 실과는 먹지 말라 네가 먹는 날에는 정녕 죽으리라"

이렇게 하나님께서는 아담에게 하나님이 누구이며, 만물의 영장으로서 사람이 어떻게 살아야 하는지 하나하나 가르치고 축복된 길로 인도하셨다.

하나님께서는 천지 만물을 창조하기 전에 수많은 천군 천사와 늘 함께 계셨지만 사람을 창조하셨다. 사람이 처음에는 순종을 잘해도 나중에는 불순종할 것을 알고 계셨다. 그런데도 하나님께서 사람을 창조하신 이유는 무엇일까?

사람은 자녀를 낳으려면 해산의 고통을 겪어야 한다. 또한 양육하는 데에 많은 수고가 따르는 줄 알면서도 자녀를 낳는다. 사랑을 주고받을 대상이 필요하기 때문이다.

이처럼 하나님께서도 사랑을 주고받을 참 자녀가 필요하셨던 것이다. 천군 천사는 무조건 순종하기만 할 뿐 자유 의지가 없는 로봇과 같다. 하나님께서는 자유 의지를 지니고 생각할 수 있는 사람을 만들어 사랑을 주고받기 원하셨다.

성경을 보면 하나님께서는 아담과 하와에게 선만 가르치셨다. 아담은 악이 없는 에덴동산에서 하나님과 동행하며 우리가

연단은 소망을 117

상상할 수 없는 세월 동안 생육하고 번성했다. 그동안 사단은 어떻게 하면 아담과 하와를 유혹하여 하나님을 배반하게 할까 궁리하다가 들짐승 중에 가장 간교한 뱀을 이용하기로 했다.

"하나님이 참으로 너희더러
동산 모든 나무의 실과를 먹지 말라 하시더냐"(창 3:1)

"동산 나무의 실과를 우리가 먹을 수 있으나
동산 중앙에 있는 나무의 실과는 하나님의 말씀에
너희는 먹지도 말고 만지지도 말라
너희가 죽을까 하노라 하셨느니라"(창 3:2, 3)

간교한 뱀이 하와를 유혹해 보니 하와가 하나님 말씀을 변개했다. 하나님께서는 선악과를 먹으면 "정녕 죽으리라" 말씀하셨는데 하와는 "죽을까 하노라"로 답변했던 것이다. 하나님의 말씀을 명심하지 못하고 있었기 때문이다. 그러자 뱀은 더욱 적극적으로 하와를 유혹하면서 정면으로 하나님 말씀에 대적하는 것을 볼 수 있다.

"너희가 결코 죽지 아니하리라
너희가 그것을 먹는 날에는 너희 눈이 밝아
하나님과 같이 되어
선악을 알 줄을 하나님이 아심이니라"(창 3:4, 5)

하와가 사단이 던진 이 말을 물리치지 않고 받아들이는 순간 '욕심'이라는 죄성이 마음에 들어온다. 그러자 선악과를 보는 시각이 달라진다. 먹음직도 하고 보암직도 하고 지혜롭게 할 만큼 탐스러워 결국 따먹고 자기와 함께한 남편도 먹게 하였다.

여기서부터 인류 역사의 비극이 시작되었다. 하나님께서는 아담에게 땅을 정복하고 모든 생물을 다스리도록 권세를 주시면서 단 한 가지, 선악과만은 먹지 말라고 명하셨다. 이는 창조주와 피조물 사이에 질서를 세우시는 말씀이었는데, 사람은 이 말씀을 어기고 만 것이다.

하나님께서 "네가 먹는 날에는 정녕 죽으리라"고 경고하신 대로 아담과 하와는 범죄함으로 사람의 주인인 영이 죽어 에덴동산에서 이 땅으로 쫓겨났으며, 많은 고통과 저주가 뒤따랐다.

여자는 해산하는 고통과 수고가 있어야 자녀를 낳으며 남편을 사모하고 남편의 다스림을 받게 되었다. 남자는 저주받은 땅에서 평생 수고하고 땀을 흘려야 식물을 먹을 수 있으며 범죄한 아담의 후손은 모두 죽음을 맞아 흙으로 돌아가게 되었다.

만물의 영장인 아담이 저주를 받으니 그가 다스리던 천지 만물도 저주를 받았다. 뱀은 모든 짐승보다 더욱 저주를 받아 배로 기어 다니고 일생 흙을 먹으며 살아야 했다.

여기서 흙이란 영적으로, 흙으로 지어진 사람을 뜻하고, 뱀은 원수 마귀 사단을 뜻한다. 따라서 뱀이 흙을 먹고 산다는 것

연단은 소망을

은 아담의 불순종으로 인해 사람이 원수 마귀 사단의 지배를 받는다는 의미다.

이처럼 아담의 불순종은 엄청난 결과를 초래하였다. 불순종한 아담의 기를 받고 태어난 모든 사람 역시 죄인이 되었다. 죄의 삯은 사망이므로 지옥에 갈 수밖에 없는 처지가 된 것이다 (롬 3:23, 6:23). 또한 아담이 가진 모든 권세가 원수 마귀에게 넘어가(눅 4:6) 이 세상에는 고통, 슬픔, 질병, 피 흘림, 악함이 가득 차게 되었다.

하나님께서는 아담이 죄 짓고 사망에 이를 것을 예지하여 아주 오래전에 구원의 길을 예비하셨다. 이는 바로 만세 전에 감추어진 비밀이자, 예수 그리스도를 통하여 구원에 이르는 십자가의 도이다.

"하나님이 세상을 이처럼 사랑하사 독생자를 주셨으니
이는 저를 믿는 자마다 멸망치 않고
영생을 얻게 하려 하심이니라"(요 3:16)

"영접하는 자 곧 그 이름을 믿는 자들에게는
하나님의 자녀가 되는 권세를 주셨으니"(요 1:12)

예수님께서는 약 2천 년 전에 이 땅에 오셔서 우리의 죄를 대신 지시고 십자가에 못 박혀 돌아가셨다. 그러나 사망 권세를 깨뜨리고 사흘 만에 부활하여 우리의 구세주가 되셨다.

이 사실을 믿는 사람은 누구나 값없이 죄를 용서받고 하나님 자녀가 되어 영생을 누린다. 얼마나 놀랍고 고마운 일인가! 하나님께서는 이러한 사랑을 우리에게 주셨다.

비록 당시에는 우리 부부가 이러한 깊이를 다 깨닫지는 못했지만 하나님과 주님의 사랑이 너무나 감사하여 눈물이 한없이 흘러내렸다.

"하나님 아버지, 하나님을 알지 못하고 인정하지도 않던 우리는 모두 죄인입니다. 우리를 위해 예수 그리스도를 보내시고 우리 죄를 용서해 주시니 감사합니다. 놀라운 치료 역사를 나타내 하나님을 알게 하신 은혜에 더욱 감사드립니다."

하나님 은혜가 아니라면 아직 고통 가운데 하나님을 알지 못하는 죄인으로 사망의 길을 가야만 했을 것이 아닌가! 더구나 내가 예수 그리스도를 믿기 전에 하나님께서 먼저 치료해 주셨으니 얼마나 크고 놀라운 사랑인가.

주님의
십자가

나의 사랑,
주님의 십자가
하나님의 은혜와 지혜가 넘치는
능력의 십자가

부흥성회를 통해 내가 죄인임을 깨달았으니 이제는 하나님의 뜻대로 참 자녀답게 살고 싶었다.

"어떻게 하면 하나님 말씀대로 살 수 있을까?"

이것이 나의 목표요, 과제였다. 이때부터 기도에 힘쓰며 하나님 말씀을 사모했다. 의에 주리고 목말라 부흥성회를 찾아다니며 하나님 말씀을 듣고 은혜를 체험했다.

말씀대로 살기 위해 성경 정독을 시작했다. 글자 한 자도 귀히 여기며 죄를 버려 나갔다. 말씀을 읽고 들으면 지켜 행했다. 그렇지 않으면 답답하고 고통스러웠다. 단번에 버려지고 지켜지지 않으면 금식을 하며 하나님 도움을 구했다.

성경을 읽다가 풀리지 않는 구절이 있으면 목사님께 질문했다. 궁금증이 많은 나에게 목사님은 주석책을 권하셨다. 흑기 주석을 사서 참조했지만 마음에 차지 않았다. 진리에 몹시 갈급했기 때문에 분명하게 하나님 말씀을 알고 싶었다. 이때부터 기도원 등을 다니며 금식하고 철야하며 기도를 쉬지 않았다.

"하나님, 말씀을 시원하게 풀어 주시기 원합니다. 목사님께 여쭈어 보아도 답답하고 주석책을 보아도 맞지 않는 것 같습니다. 어떤 구절은 책마다 다르기도 합니다. 성경은 성령의 감동을 받으면 풀어질 줄 믿습니다. 어떤 사람은 천사가 와서 삼 년 동안 풀어 주었다고 합니다. 하나님, 저에게도 하나님 말씀을 풀어 주시기 원합니다."

이를 응답받기 위한 기도가 수없이 쌓인 후에야 하나님께서는 밝은 영감 가운데 예수 그리스도에 대하여 많은 깨달음을 주셨다. 내가 주의 종이 되어 금식하고 기도할 때 알려 주신 내용은 이렇다.

아담과 하와가 죄를 짓자 영계 법칙대로 죄인이 되어 마귀의 자녀가 되었다(롬 6:16). 다시 하나님 자녀로 돌아오려면 죄가 없어야 하기 때문에 죄를 대속할 사람이 필요했다.

그러나 이 땅에 사는 아담의 후손은 모두 원죄가 있기 때문에 아무도 다른 사람의 죄를 대속해 줄 수 없다. 그래서 하나님께서 우리 죄를 대속할 예수님을 이 땅에 보내 주신 것이다.

예수님께서는 하나님의 아들로서 동정녀 마리아의 몸에 성령으로 잉태되셨으므로 아담의 후예가 아니다. 따라서 원죄가 없었고, 오직 율법대로 행하셨기 때문에 자범죄도 없었다. 이는 곧 원수 마귀를 이길 수 있는 힘이 있으셨음을 말한다. 영계에서는 죄가 없는 것이 힘이기 때문이다.

뿐만 아니라 죄인 된 온 인류를 위해 십자가에 못 박혀 대신 죽을 수 있는 참사랑이 있으셨다. 예수님께서는 모든 병과 약한 것을 고치시고 죄인을 용서하며 귀신들린 사람을 온전케 하고 자유와 평화, 기쁨과 사랑을 주셨다. 그런데 원수 마귀는 아무 죄 없는 예수님을 악한 사람들을 주관하여 십자가에 못 박게 했다. 왜 그렇게 했을까?

아담과 하와가 선악과를 먹는 불순종의 죄를 범함으로써 천지 만물을 다스릴 권세를 원수 마귀에게 넘겨줄 수밖에 없었다. 그러나 하나님께서는 장차 여자의 후손이 나타나 원수 마귀에게 넘겨준 권세를 되찾을 것을 알려 주셨다(창 3:15). 원수 마귀는 이 말씀을 알고 있기에 자기 권세를 빼앗기지 않으려고 예수님이 나타나기를 기다렸다가 온갖 궤계를 동원해 죽였다.

그러나 놀라운 사실은 이것이 바로 만세 전에 감춰 둔 하나님의 비밀이라는 것이다. 하나님께 불순종하여 사망의 길로 가는 모든 인류를 구원의 길로 인도하기 위해 하나님께서 예비하신 방법이 바로 예수님을 십자가에 못 박아 죽게 하는 것이었다.

고린도전서 2장 7, 8절을 보면 "오직 비밀한 가운데 있는 하나님의 지혜를 말하는 것이니 곧 감추었던 것인데 하나님이 우리의 영광을 위하사 만세 전에 미리 정하신 것이라 이 지혜는 이 세대의 관원이 하나도 알지 못하였나니 만일 알았더면 영광의 주를 십자가에 못 박지 아니하였으리라"고 말씀한다.

원수 마귀는 이처럼 오래전에 감춰진 하나님 지혜를 알 수 없기에 예수님을 죽이면 자기가 승리하는 줄 알았다. 하지만 이는 '죄의 삯은 사망'(롬 6:23)이라는 영계 법칙, 곧 하나님 말씀에 완전히 위배되는 것이다. 왜냐하면 예수님께서는 죄가 전혀 없으시므로 사망에 이를 수가 없는 분이기 때문이다. 그런데 원수 마귀는 영계 법칙을 어기고 유대 총독 빌라도를 통해 죄 없으신 예수님을 십자가에 못 박은 것이다.

누가복음 4장에는 마귀가 40일 금식하신 예수님을 세 차례 시험하는 과정이 기록되어 있다. 그중에 하나는 만국을 다스리는 권세에 대한 시험이다. 마귀가 예수님을 이끌고 올라가 순식간에 천하 만국을 보이며 "이 모든 권세와 그 영광을 내가 네게 주리라 이것은 내게 넘겨준 것이므로 나의 원하는 자에게 주노라"고 하였다(눅 4:6).

하나님 말씀에 불순종하여 죄의 종이 된 아담으로부터 마귀는 모든 권세를 넘겨받았다. 그런데 이번에는 원수 마귀가 하나님과의 약속인 영계 법칙, 곧 죄로 인해 사망에 이른다는 법을 어겼으므로 다시 그 권세를 하나님께 되돌려 줄 수밖에 없었다. 이로써 원수 마귀는 예수 믿는 사람을 다스릴 권세를 잃고 만 것이다. 그리하여 십자가에 못 박혀 돌아가신 예수님을 믿는 사람이라면 누구나 마귀 품에서 벗어나 하나님 품으로 올 수 있게 되었다(롬 5:17~19). 얼마나 놀라운 하나님의 지혜인가.

독생자 예수님께서는 육신을 입고 이 땅에 오셔서 죄인들을 구원하기 위해 십자가를 지는 사랑을 나타내 주셨다. 그러므로 누구든지 예수 그리스도 이름으로 구원에 이르고, 오직 그 이름으로만 구원을 얻을 수 있다(행 4:12).

그러면 예수님께서는 왜 나무 십자가에 달려 온갖 고난을 받으셔야 했을까? 갈라디아서 3장 13, 14절을 보면 "그리스도께서 우리를 위하여 저주를 받은 바 되사 율법의 저주에서 우리를 속량하셨으니 기록된바 나무에 달린 자마다 저주 아래 있는 자라 하였음이라 이는 그리스도 예수 안에서 아브라함의 복이 이방인에게 미치게 하고 또 우리로 하여금 믿음으로 말미암아 성령의 약속을 받게 하려 함이니라"고 했다.

예수님께서는 율법의 저주를 받은 우리를 대신하기 위해 나무 십자가에 달려 죽으신 것이다. 이로써 우리 죄를 속량하셨으므로 우리는 예수 그리스도를 믿음으로 의로움을 인정받아 성령을 선물로 받는다. 그리하여 하나님 자녀로 거듭나 아브라함처럼 믿음과 건강, 장수, 물질, 자녀의 축복을 받는다.

예수님께서는 십자가에 못 박힌 채 창으로 옆구리를 찔리고 물과 피를 다 쏟으셨다. 이것은 곧 말씀이 육신이 되어(요 1:14) 이 땅에 오신 증거이다. 또한 육신을 입은 우리도 예수님 같은 성품을 지니며 닮을 수 있다는 증거다.

그러면 예수님께서는 왜 채찍을 맞으며 피 흘리셨을까? 이사야 53장 5절을 보면 "그가 찔림은 우리의 허물을 인함이요 그가 상함은 우리의 죄악을 인함이라 … 그가 채찍에 맞음으로 우리가 나음을 입었도다"라고 말씀한다.

예수님께서 머리에 가시면류관을 쓰고 가시에 찔린 것은 우리 생각을 통해 오는 모든 죄와 허물을 용서하시기 위함이다. 또한 예수님께서는 손과 발에 못 박히셨는데 이는 우리가 손과 발로 죄악을 저질렀기 때문이다. 예수님께서는 이러한 우리의 모든 죄를 용서하기 위해 온갖 고난을 다 받으셨다. 그때에 이미 우리의 과거, 현재, 미래의 죄까지 모두 대속하신 것이다.

성경을 읽다 보니 풀리지 않는 구절이 또 있었다. 그중에 한 가지가 '인자의 살을 먹고 인자의 피를 마시지 않으면 생명이 없다'는 말씀이었다(요 6:53). 예수님의 십자가 구속의 섭리를 믿으면 모든 죄가 용서되고 영생을 얻는다고 했는데, 왜 '인자의 살을 먹고 인자의 피를 마시지 않으면 생명이 없다'고 말씀하시는지 그 뜻을 분명하게 알고 싶었다.

하나님께서는 기도하는 가운데 성령의 감동으로 깨우쳐 주셨다. 예수 그리스도를 영접한다고 해서 금방 죄를 짓지 않는 사람으로 변화하는 것은 아니다.

예수님이 곧 길이요, 진리요, 생명이므로(요 14:6) 인자의 살을 먹는다는 것은, 곧 진리 말씀을 읽고 들어 양식 삼는 것을 말한다. 그리고 인자의 피를 마신다는 것은, 진리 말씀대로 행하는 것을 의미한다.

이처럼 말씀을 양식 삼고 행할 때에 죄를 버릴 수 있다. 그래서 빛 가운데 행할 때 예수님 피가 우리를 모든 죄에서 깨끗하게 한다고 말씀하고(요일 1:6, 7), "주여 주여 하는 자마다 천국에 다 들어갈 것이 아니요 다만 하늘에 계신 내 아버지의 뜻대로 행하는 자라야 들어가리라"(마 7:21)고 말씀하신 것이다.

나는 하나님 말씀을 열심히 읽고 들으며 죄를 발견하는 대로 버리기 위해 금식과 철야를 하며 간절히 기도하였다. 이러한 중심과 행함을 보신 하나님께서 진리 안에 살아갈 수 있는 능력을 주셨다. 날마다 새로워지며 기쁨 가운데 하루하루를 보냈다.

살아 계신 하나님

"만세 전에 택한 종아!
 내가 너를
 삼 년 연단하였으니
 삼 년 말씀 준비하라."

　이제 나는 예수 그리스도를 영접한 자, 곧 그 이름을 믿는 사람이 되었다. 하나님 자녀 된 권세를 받은 것이다(요 1:12, 13). 살아 계신 하나님께서는 나를 세상 가운데 고아와 같이 홀로 두지 않으시고(요 14:18) 하나님께 속한 사람으로서 죄 짓지 않도록(요일 3:9) 인도하며 늘 천국을 소망하게 하셨다.

　내가 막노동을 할 때였다. 어느 날, 아침 일찍부터 기도하고 싶은 마음이 간절했다. 그러나 아직 할 수 있는 기도는 주기도문과 사도신경뿐이었다. 주기도문을 반복하여 외우면서 현장에서 일하는 중이었다. 가늘고 긴 파이프를 어깨에 짊어지고 옮기기 위해 일어서는 순간, 뒤쪽에서 강한 충격을 느끼며 그대로 길바

연단은 소망을 129

닥에 누워버렸다. 잠시 후 정신을 차리고 보니 사람들이 웅성거리며 모여 있었다. 나는 아무 일 없다는 듯이 툭툭 털고 일어섰다. 사고를 낸 차는 시청 소속 승용차였고 운전기사는 새파랗게 질려 어쩔 줄 몰랐다.

"괜찮습니까? 빨리 병원에 갑시다."

"아니요, 괜찮습니다. 전혀 아프지 않습니다."

"정말 괜찮습니까? 아픈 데가 없다니 그게 무슨 말입니까?"

꽤 심하게 부딪힌 것을 아는 운전기사는 기적 같은 사실을 믿지 못하는 눈치였다. 일하던 동료들도 나를 이상하다는 듯이 이리저리 살펴보았다.

"당신, 그러다가 큰일 납니다. 다른 데도 아니고 허리니까 엑스레이(X-ray)라도 찍어 봐야 됩니다. 나중에 후유증이라도 생기면 어쩌려고 그래요?"

"괜찮습니다. 나는 하나님이 지켜 주십니다."

전혀 아프지 않았다. 부딪힌 부분이 약간 부었을 뿐 상처 하나 없었다.

"정 그렇다면 일찍 집에 들어가 쉬게."

십장의 말도 뿌리치고 일을 다 끝낸 후 집에 들어오니 몸이 조금 찌뿌드드한 느낌이 들었다.

그리고 다음 날 출근하지 못했다. 주변에서 후유증이 생기면 큰일 난다고 한 말이 마음에 걸려 '혹시 후유증이 생기면 어쩌지?' 하고 부정적인 생각을 한 탓이었다. 하지만 하나님께서는 나를 온전하게 회복시켜 주셨다.

내가 출근하지 않자 걱정이 된 운전기사가 찾아왔다. 그는 거뜬해진 내 모습을 보고 기뻐했다. 그러고는 통사정하며 보상금 액수를 낮추려고 했다.

"저는 보상금 필요 없습니다."

운전기사는 제발 신고만 하지 말아 달라고 하더니 내 말에 안심했는지 주머니에서 부스럭거리며 봉투를 꺼내 두고 갔다. 그 안에는 2,500원이 들어 있었다. 같이 일하는 동료들은 이 사실을 알고 당장 고소해야 한다며 야단이었다.

나는 사람의 간사함을 느끼지 않을 수 없었다. 진실한 사람이라면 잘못을 용서해 주고 은혜를 베푼 사람에게 감사하며 그것을 갚는 사람이 되어야 하건만 현실은 그렇지 못했다.

그 후 나는 건축 공사장에 나갔다. 특별한 기술이 없어 잡부 노릇을 했는데 질통을 지고 2층을 오르내리는 일이었다. 난간이 없는 2층까지 질통을 지고 올라가자니 다리가 후들후들 떨렸다. 번개같이 올라가는 다른 사람을 도통 따라갈 수 없었다.

이를 악물고 했지만 너무나 힘들어 오후에는 완전히 기진하였다. 그러나 '이겨야 한다. 이겨야 한다.'고 자신을 타일렀다. 다시 힘을 내어 일을 하려니 시멘트 부대 푸는 일, 콘크리트를 막대기로 찌르는 일 등 좀 쉬운 일을 시켰다. 결국 포기하지 않고 끝까지 해낼 수 있었고 하나님께서는 나의 인내심을 키우셨다.

워커힐 근처 수도국에서 일할 때였다. 철제 손수레에 레미콘에서 나오는 콘크리트를 가득 싣고 울퉁불퉁한 공사장을 지나 깊은 지하에 쏟는 작업을 했다. 다른 사람과 달리 잘 쏟아지지 않고 오히려 몸이 딸려 들어가려고 했다. 조금만 잘못하면 깊은 지하의 콘크리트 속에 묻힐 것만 같았다.

야간작업이 있다는 방송이 흘러나오는데 맥이 탁 풀렸다. 남들은 술 먹고 힘내어 일하지만 나는 더 이상 견딜 수가 없었다. 한 발자국도 떼기 힘들 만큼 온몸이 물 먹은 솜뭉치 같았다. 어떻게 할 것인지 고민하다가 술을 조금 먹고 힘을 내서 일을 마쳐야겠다고 생각했다.

부흥성회를 통해 술을 끊었지만 조금 마시는 것은 괜찮을 것 같았기 때문이다. 술로 목을 축이니까 정말 힘이 났다. 무사히 야간작업을 마치고 돌아오는데 머리가 어지럽더니 빠개질 듯이 아팠다. 도저히 견딜 수 없었다. 중간에 차에서 내려 시원한 바람을 쐬었지만 고통은 그치지 않았다.

나는 술 먹은 것을 하나님께서 용납하시지 않음을 깨닫고 회개했다. 밤 12시가 다 되어 힘없이 터벅터벅 걸으며 상념에 잠겼다. '언제까지 이렇게 버틸 것인가? 하지만 하나님께서 언젠가 축복을 주시겠지….'

그 후 믿음으로 술을 먹지 않고 버텼다. 그런데 몇 달이 지나 우이동 2층집 공사장에서 일할 때였다. 좁은 통로에서 지하를 파는 일인데 쉬지 않고 일하다 보니 매우 힘들었다.

기도하여 성령 충만한 날에는 참을 만한데 그렇지 못한 날에는 한 시간도 견디기 힘들었다. 동료들은 내가 몹시 힘들어하는 것을 알고 자꾸 술을 권했다. 아무리 뿌리쳐도 끈질기게 권했다. 일을 하기 위해 결국 마시고 말았다.

그런데 곡괭이로 땅을 내리치는 순간이었다. "쨍!" 하는 소리와 함께 양끝이 뾰족한 곡괭이가 힘껏 내리친 반동으로 내 머리를 때렸다. 순간적으로 술 때문임을 깨닫고 피가 콸콸 쏟아지는 이마를 부여잡은 채 기도했다.

"하나님, 용서해 주세요. 다시는 술 먹지 않겠습니다."

곧 피는 멈추었고 병원에 가야 한다는 말을 뿌리치고 잠시 휴식을 취한 후 끝까지 일을 마쳤다. 이를 통해서도 하나님께서는 사랑하는 자녀들을 징계하여 바른길로 인도하시는 분임을 깨달았다.

화장품 외판원을 시작한 아내는 얼마 후 판로가 좋은 지역을 맡았다. 어느 정도 경제적 어려움이 해소되었다. 그런데 물질 축복을 받아 하나님께 영광 돌리고 싶은 마음에 욕심이 찾아들었다. 내가 번 돈으로 생활하고 아내가 번 돈은 모아서 큰 음식점 낼 꿈을 가진 것이다.

우리 부부는 열심히 기도하면서 일했다. 전에 아내가 분식집을 하면서 얻은 경험을 살리면 돈을 많이 벌 수 있다는 확신이 생겼다. 그 당시 작은 누나가 일식집을 하면서 3층짜리 빌딩을 갖고 있어서 더욱 꿈이 컸다.

그러나 어느 순간 하나님께서는 우리가 돈에 대한 욕심이 있음을 알게 해 주셨다. 큰 음식점을 내면 자연히 술을 팔게 되므로 하나님께서 기뻐하지 않으실 것임을 깨달았다.

어느 날, 큰 돼지가 열 마리나 되는 새끼를 낳는 꿈을 꾸었다. 돼지꿈을 꾸면 복이 온다는 말을 많이 들었기에 그 당시 한참 유행하던 복권을 사고 싶었다.

"여보, 우리 복권 삽시다. 기도하고 사면 당첨될 거야. 당첨되면 빚도 갚고 헌금하는 거야."

복권을 산 후 일주일간 기도했다. 당첨될 줄 믿고 열심히 기도했건만 등외였다. 이러한 과정을 통해 하나님께서는 그 생각이 잘못되었음을 깨우쳐 주시고, 우리가 서서히 돈에 대한 욕심을 버릴 수 있도록 도우셨다.

나는 일 없는 날이면 습관적으로 화투 놀이를 할 때가 잦았다. 병고에 시달리는 동안 집에 있으면서 친구들과 많이 해 봐서 잘하는 편이었다. 그런데 이상한 일이 생겼다. 예전과 달리 화투를 칠 때마다 돈을 잃는 것이다. 그럴 때면 본전을 찾기 위해서라도 더했다.

한번은 부천으로 장기간 일하러 갔다. 으레 급료를 받으면 화투판을 벌이는 동료들은 보름간 일한 급료를 받는 날에도 어김없이 화투를 쳤다. 나도 그 자리에 끼지 않을 수 없었다.

그날은 초판부터 잘되더니 양쪽 호주머니가 가득 차도록 돈을 땄다. 돈을 따니 의리상 그만둘 수 없어서 밤새 하고 말았다. 그런데 점점 잃더니 새벽녘이 되자 한 푼도 남지 않았다. 집에 올 낯도 없고 잃은 돈이 아까워 본전을 찾기 위해 하나님께 기도했다.

"하나님, 많이 따면 헌금하려고 했는데 도리어 잃었습니다. 이번엔 꼭 따게 해 주세요."

결국 내가 잃은 돈을 다시 찾을 수 없었다.

이런 일도 있었다. 내가 사는 금호동은 대부분 노동자가 모여 사는 동네다. 그들 역시 일 없는 날 심심풀이로 화투 놀이를 한다. 하루는 밤새 화투를 치고 잃은 사람들만 우리 집에 모여 다시 했다. 그때 갑자기 교회 전도사님이 주인집에 심방을 왔다. 잃은 돈에 미련이 있어서 그 자리를 뜨고 싶지 않았다. 화투를 계속 하면서 아내에게 거짓말을 시켰다.

"나 없다고 해요."

주인집에서 흘러나오는 찬송 소리에 괴로웠다. 불안하고 죄송했다. '주의 종이 심방 오시면 그렇게 좋아하고 반기던 내가 어떻게 이럴 수 있을까?'

화투 놀이에 마음을 뺏겨 태연하게 거짓말까지 시킨 내 모습이 스스로 생각해 보아도 어처구니없었다. 마음은 몹시 곤고했지만 회개가 되지 않아 며칠 고통받다가 결국 하나님께서 은혜를 주셔서 통회자복을 했다.

"하나님, 용서해 주세요. 이제 다시는 안 하겠습니다. 화투를 완전히 버리겠습니다."

지금도 그때 일을 생각하면 하나님께 죄송하고 민망하여 눈물이 나곤 한다. 그 뒤부터 화투를 하고 싶은 마음은 물론, 거짓말을 완전히 버렸다. 가볍게 하는 화투 놀이에도 전혀 손대지 않고 오직 하나님 말씀대로 살고자 금식과 기도에 힘썼다.

이때부터 시간 나는 대로 부흥성회를 찾아다녔다. 또 기도하면 무엇이든지 응답받을 수 있다는 믿음이 생겨 틈나는 대로 기도원을 다니며 기도했다. 그렇게 하나님 말씀대로 살면서 물질의 축복을 넘치게 받아 가난하고 병든 사람을 구제하며 선교하고 싶은 꿈을 키워갔다.

나는 초신자 때부터 주관을 받아 부르짖어 기도했다. 부끄러움을 잘 타는 편이라 사람 많은 곳을 피해 높은 산에 올라 혼자 부르짖어 기도할 때가 많았다.

성경을 읽어 보아도 믿음의 선진들은 하나같이 부르짖어 기도하여 응답받은 것을 알 수 있었다. 그런데 교회에서는 아무도 나에게 부르짖어 기도하라고 가르쳐 주지 않았고, 오히려 이웃에게 방해가 되니 조용히 기도하라고 권면했다. 나는 이 때문에 몹시 답답하여 하나님의 뜻이 무엇인지 알려 달라고 기도했다.

1975년 수원 칠보산에 올라 기도하던 어느 날이었다.

"하나님, 부르짖어 기도하는 것이 하나님의 뜻인지요? 아니면 조용히 기도하는 것이 하나님의 뜻인지요? 하나님의 뜻을 알기 원합니다."

간절히 기도하는데 공중에서 하나님의 음성이 들려왔다. 처음으로 듣는 음성이었다.

"누가복음 22장 44절을 보라."

너무나 신기하고도 놀라워 재빨리 성경책을 펼쳤다.

"예수께서 힘쓰고 애써 더욱 간절히 기도하시니 땀이 땅에 떨어지는 핏방울같이 되더라"

이 말씀을 무슨 뜻으로 주셨는지 기도하다 보니 하나님께서 원하시는 올바른 기도 방법을 깨우치게 되었다. 이스라엘은 사막 기후이므로 일교차가 심해 여름이라도 밤이 되면 기온이 많이 떨어진다. 더구나 예수님께서 십자가에 못 박히신 때는 4월경이니 밤에 도저히 땀이 날 수 없는 상황이었을 것이다.

그런데도 얼마나 힘쓰고 애써 기도하셨으면 땀이 땅에 떨어지는 핏방울같이 되었겠는가. 조용히 묵상기도를 하셨다면 결코 그와 같은 현상이 있을 수 없다. 주님께서는 힘쓰고 애써 부르짖어 기도하는 것이 하나님 뜻임을 나에게 분명히 알려 주시며 그와 같이 기도하도록 인도하신 것이다.

하나님 뜻을 좇아 부르짖어 기도했더니 성령의 충만을 입어 하늘로부터 은혜와 말씀 가운데 살 수 있는 능력이 임하고, 신속히 응답되는 것을 체험했다.

그 당시 우리는 금호동과 옥수동 경계에 있는 산동네에서 살았는데, 어느 날 집주인이 이사 가라고 했다. 주택 재개발로 집이 철거된다는 것이다. 10만 원짜리 전세였는데, 주인은 집 자체가 없어지니 한 푼도 줄 수 없다며 외면했다.

주인과 다툴 수 없어서 돈 받는 것을 포기하였지만 당장 갈 곳이 없었다. 길에 텐트를 치고 살 판국이었다. 아내가 어렵사리 5만 원을 융통해 와서 햇빛도 들지 않는 허름한 작은 방을 구했다.

그런데 이사한 지 얼마 안 되어 한 달 내에 철거해야 한다는 것이었다. 그나마 집주인이 보증금을 돌려주었지만 싼 방을 갑자기 구하는 것이 쉽지 않았다. 아내와 함께 불광동까지 가서 싼 방을 찾다가 허탕치고 돌아오는 길이었다.

점심도 굶고 저녁밥도 먹지 못한 채 집 근처에 도착했을 때에는 이미 날이 저물고 어두웠다. 순간, 입에서 하나님을 원망하는 말이 흘러나왔다.

"하나님, 어찌하여 방 하나도 예비해 놓지 않으셨습니까?"

복덕방이 눈에 띄어 혹시나 하는 마음에 가서 물어 보았다.

"방금 어떤 사람이 방을 내놓고 갔습니다. 내일이라도 당장 들어갈 수 있다고 합니다."

"얼마인가요?"

"5만 원이면 들어갈 수 있습니다."

그 집에 가 보니 번듯한 방 하나에 조그만 가게를 할 수 있는 방도 딸려 있었다. 내일이라도 당장 이사할 수 있는 방이 예비돼 있었던 것이다.

"하나님, 제가 왜 이리 간사한지요…. 하나님께서 저를 가난하게 만드신 것도 아닌데 원망했습니다. 용서해 주세요."

앞으로는 어떤 형편에 놓인다 해도 하나님을 원망하지 않으리라는 결심을 하고 삼 일 금식에 들어갔다.

이때 하나님께서는 나에게 새로운 일을 주셨다. 마침 이사한 집에 가게 터가 있어 궁리 끝에 책 가게를 차렸다. 2, 3개월 만에 가게를 운영하는 비결을 터득한 후 길가 쪽에 가게를 다시 얻었다. 그러나 수지가 맞지 않아 그것도 정리하고 말았다.

아내와 삼 일 금식 기도를 한 후 가게를 알아보다가 우연히 돌산 밑에 가게가 나왔다는 소식을 들었다. 장사가 아주 잘되는 가게인데 권리금과 세를 합쳐서 50만 원에 내놓았다는 것이다. 나는 그 가게에 가서 전 재산인 10만 원으로 계약했는데, 나머지 40만 원이 문제였다.

당시 나에게 40만 원은 매우 큰돈이었다. 이때 교회 집사님 중에 부유하게 사는 두 분이 생각나서 아내에게 대신 부탁하게 했다. 그러나 일언지하에 거절당했다. 결국 아내가 이웃 사람에게 15만 원을 빌려 왔다. 아직 25만 원이 부족했다. 할 수 없이 해약하고 계약금이라도 건질 겸 주인을 찾아갔다.

사정을 들은 주인은 뜻밖에도 25만 원은 이자를 받는 조건으로 가게를 내주겠다고 했다. 그제야 믿음의 형제에게 돈을 부탁하는 일이 옳지 않다는 것과, 그 대신 믿지 않는 사람을 통해 예비해 놓으신 하나님의 사랑을 깨닫고 감사를 드렸다.

이렇게 하나님 인도로 가게를 운영하니 제법 잘되었다. 그런데 어느 날, 더 큰 가게로 옮겨야겠다는 마음이 들었다. 신기하게도 다음 날 내놓지도 않은 가게에 계약하러 온 사람이 있어 하나님 뜻인 줄 알고 곧바로 계약하였다.

그러고 나서 마음에 드는 학교 앞 가게를 알아보니 우리 가게 때문에 손해를 보았다며 계약을 해 주지 않았다. 하는 수 없이 금호동 시장 뒷길에 가게를 얻었다. 나중에 알고 보니 학교 앞에는 앞으로 대형 책 가게가 생길 예정이었다.

우리 가게와 같은 작은 규모로는 경쟁이 될 수 없었다. 하나님께서는 이러한 사실을 알기에 내 마음에 드는 가게가 계약되지 않도록 막고 합력하여 선을 이루어 주신 것이다.

새로 시작한 가게에는 학교 앞 가게 손님까지 옮겨왔다. 아침부터 밤늦게까지 손님들로 붐볐다. 앉을 자리가 없어서 서 있는 사람도 있었다. 주인인 나까지 자리를 내주고 가게 밖에 나와 있어야 할 지경이었다.

우리 가게는 주일이면 문을 닫고, 술 마시거나 담배 피우는 학생은 들어오지도 못하게 했기 때문에 인간의 생각으로는 잘될 수 없었다. 그런데도 손님이 많고 수입이 오르니 누가 보아도 하나님의 축복임을 인정하지 않을 수 없었다.

덕분에 빚을 어느 정도 청산하고 열심히 하나님께 충성 봉사할 수 있었다. 우리 부부는 거의 매일 낮에는 장사하고 밤에는 철야하며 기도했다.

1978년 5월 어느 날, 기도하는데 하나님의 음성이 들렸다. 폭포수와 같이 우렁차면서도 맑고 깨끗한 음성이었다.

"만세 전에 택한 종아! 내가 너를 삼 년 연단하였으니 삼 년 말씀 준비하라. 너는 나 사랑하기를 네 부모, 형제, 아내, 자식보다 더 사랑하였느니라. 너는 즉시 가게를 놓고 나의 길을 가며 아내가 가게를 맡게 하라."

"나의 생각은 인간의 생각과 같지 않으며 너희 둘이 버는 수입보다 더 나으리라. 꾸어 줄지언정 꾸지 않으며 누르고 흔들어 넘치도록 축복해 주리라. 순종하면 쌀통에 쌀이 떨어지지 않고 돈궤에 돈이 넘치리라. 삼 년 동안 말씀 무장하고 나면 산을 넘고 강과 바다를 건너다니며 기사와 표적을 행하리라."

주의 종은 꿈에도 생각지 못했기에 어리둥절하지 않을 수 없었다. 하나님께서 친히 주의 종으로 부르셨음에도 갈등이 생

연단은 소망을

겼다. '나는 장로가 되어 하나님께 영광 돌리고자 무수히 기도했는데 주의 종이라니…. 내가 어떻게 주의 종이 될 수 있을까? 나이도 많고 기억력도 없는데, 어떻게 공부하며 신학교를 간단 말인가!'

의문은 풀리지 않았다. 하나님 뜻이라면 순종해야 하는 줄 알면서도 어떻게 순종해야 할지 막막하고 답답하기 그지없었다.

할 수
있거든

나는 이미
할 수 있다는 믿음을 가지고
기도하여 응답을 받았기에
감사가 절로 흘러나왔다.

주의 종으로 부름 받은 뒤 말할 수 없는 갈등 때문에 뼈를 깎는 고통을 겪었다. '순종이 제사보다 낫다'는 성령의 음성과 '내가 어떻게 주의 종이 된단 말인가?'라는 육신의 생각이 치열한 싸움을 벌였다.

도저히 가게에 앉아 있을 수 없었다. 기도해야만 평안함을 유지할 수 있을 것 같아 보따리를 싸들고 기도원으로 올라갔다.

"하나님, 제가 주의 종으로 가는 것이 분명한 아버지 뜻이라면 다시 한 번 음성을 들려 주옵소서. 그래야만 확실한 믿음을 갖고 순종할 수 있겠나이다."

금식하며 간절히 기도했지만 하나님 음성은 들리지 않았다.

여기저기 방황하며 기도하러 다녔지만 확실한 응답을 못 받으니 순종하지 못하는 괴로움이 얼마나 컸겠는가? 신령한 은사를 받았다는 사람에게 찾아가기도 했지만 확실한 답을 얻을 수 없었다. 이렇게 방황하는 동안 한 달, 두 달 세월이 자꾸 흘러갔다. 나는 더욱 간절해졌다.

"하나님, 아버지 뜻이라면 순종하겠습니다. 제가 주의 종이 되어야 한다면 그렇게 하겠나이다. 다시 한 번 음성을 들려 주시면 할 수 있겠나이다."

일주일간의 철야기도가 끝나는 토요일 밤이었다. 만일 하나님께서 다시 한 번 음성을 들려 주시지 않으면 다음 날 예정된 대표 기도를 할 수 없을 것만 같았다. 그처럼 곤고한 상태에서 간절히 부르짖는데, 하나님께서 친히 음성을 들려 주셨다.

"대표 기도를 하라."

이어 성령께서 밝은 영감 가운데 깨달음을 주셨다.

"할 수 있거든이 무슨 말이냐 믿는 자에게는 능치 못할 일이 없느니라. 순종이 제사보다 나으니라. 하나님께서는 외모를 취하지 않고 중심을 보시느니라."

하늘을 날 듯한 기쁨! 천하가 다 내 것 같은 충만함! 천장을 뚫고 올라갈 듯한 기분! 아무런 무게도 느끼지 못할 만큼 가벼운 몸! 나는 황홀경에 빠져 이제껏 맛보지 못한 희열을 느꼈다.

"죽을 수밖에 없는 고통 속에서 너를 건지신 하나님은 너를 치료하여 온전케 하시고 이제는 주님만 사랑하는 지금의 너로 인도하셨느니라."

"너에게 믿음을 주셨기에 믿고, 기도할 수 있는 능력을 주셨기에 기도하고 말씀대로 살지 않았느냐. 화목한 가정을 이루게 하고 물질로도 축복하고 너에게 없는 것을 다 있게 하셨느니라."

"네가 그리 될 수 있기에 주의 종으로 부르지 않았겠느냐. 너는 이 세상 무엇보다도 하나님을 가장 사랑하니 하나님께 합당한 자로 여겼느니라."

"너는 오직 하나님 말씀대로 살며 하나님께만 영광 돌리기 원하므로 그 중심을 기쁘게 여기고 종으로 쓰기 위해 너를 부른 것이니라."

나의 기쁨은 멈추지 않았다. 할 수 있다는 자신감이 넘쳤다. 주의 종으로 헌신할 것을 결심했다.

정확히 100일 만에 방황이 끝났다. 그때가 1978년 9월 초순이었는데 아내도 하나님 말씀에 순종하여 외판원 생활을 청산하고 가게를 운영했다. 한 달이 채 못 되어 수입이 기하급수적으로 불어나 월 60만 원이 넘었다. 당시로서는 매우 큰 액수였다.

그러자 소문을 듣고 가게를 구경 오는 사람들이 생겼다. 너무 잘되니까 비결을 알아보러 오는 것이다. 그들은 고개를 갸우뚱거렸다. 비결은커녕 불량 학생은 받지 않고 일요일에는 아예

문을 닫으니 이상한 일일 수밖에 없었다. 무에서 유를 창조하는 하나님께서 주신 축복인 줄 알지 못하는 그들로선 이해하기 어려울 터였다.

우리 부부의 순종을 기뻐하신 하나님께서 약속한 대로 둘이 버는 수입보다 넘치게 축복하셨다. 진리 안에서 가게를 운영하며 손님들을 눈여겨보았다가 틈나는 대로 전도했다. 그때 전도받은 학생들이 성장하여 지금은 교회의 일꾼이 되었거나 주의 종의 길을 가고 있다.

나는 36세에 주의 종으로 부름 받아 신학 공부를 위해 방을 따로 얻었다. 그동안 섬기던 옥수동 성동교회 이영훈 목사님에게 조언을 받아 성결신학교에 입학하기로 하고 시험공부를 시작했다.

주의 종이니 다른 과목보다 성경 시험만은 백 점을 맞고 싶었다. 그래서 작정하여 금식했다. 10일과 21일, 또 10일과 21일을 반복했다.

"하나님, 이 금식을 통해 기억력을 주셔서 모든 것을 생각나게 해 주옵소서. 특별히 성경을 읽을 때 하나님 말씀을 밝히 깨닫고 온전히 기억나게 하소서. 죽은 사람을 살리신 하나님의 능력을 믿습니다."

그날부터 무릎을 꿇고 앉아 기도하며 성경을 정독했다. 성령의 감동으로 쓰인 하나님 말씀을 읽으며 밝은 영감을 받았다.

드디어, 시험 날이 다가왔다. 오직 성경만 공부했으니 다른 시험은 엄두가 나지 않았다. 한두 개 맞으니 차라리 답안 작성을 하지 않고 백지로 냈다. 그러나 성경 시험만은 자신이 있었다. 백 점이었다. 다음 날, 면접시험 때였다.

"왜 성경만 빼고 백지를 냈습니까? 그런데 성경은 백 점을 맞았군요!"

신학교에서는 난처한 입장이 되었으나 하나님의 도움으로 합격 판정을 받고 입학했다. 신학교에 입학한 뒤에도 계속 작정하여 철야하며 금식했다. 밥을 먹는 날보다 금식하는 날이 더 많았고, 명절이나 생일을 제대로 지낸 적이 없었다.

하나님께서 기뻐하시는 종이 되기 위해 말씀과 기도로 무장하며, 오직 하나님 나라와 의를 위해 기도했다.

1979년 6월, 신학교 1학년 때였다. 21일 철야를 작정하고 기도하는데 학기말 시험 공고가 나붙었다. 성경은 기억나지만 영어, 헬라어 등은 통 기억할 수 없었다. 철야 기도를 작정한 상황이니 곤경에 빠졌다. 하는 수 없이 기도로 하나님께 매달렸다.

"하나님, 학기말 시험인 줄 모르고 21일 철야 기도를 작정했으니 도와주시기 원합니다. 시험도 잘 보고 기도도 할 수 있게 하실 줄 믿습니다."

시험만 놓고 한 시간 기도하면 하나님께서 시험 문제를 알려 주셨다. 그래서 기도 후에 한 시간 공부하고 철야 기도도 무사히 할 수 있었다. 아침이 되어 시험에 임했는데 예상한 문제는 어김없이 나왔다. 하나님 도움과 능력에 다시 한 번 감탄하며 감사와 영광을 돌렸다.

이렇게 하나님 도우심으로 21일 작정 철야 기도를 잘 마칠 수 있었다. 그런데 마지막 날 새벽 4시에 신기한 일을 체험했다. 하나님께 감사하며 마무리 기도를 하는데 밝은 영감 가운데 마지막 때를 계시해 주셨다.

"사랑하는 종아, 깨어 근신하라. 마지막 때가 가까우니라."

성경을 읽다 보면 주님의 강림하실 때와 시기에 관하여 이해되지 않는 부분이 있었다. '주의 날이 도적같이 임한다'(벧후 3:10)는 말씀과 '그날이 도적같이 너희에게 임하지 못한다'(살전 5:4)는 말씀이다.

"주 여호와께서는 자기의 비밀을 그 종 선지자들에게 보이지 아니하시고는 결코 행하심이 없으시리라"(암 3:7)는 말씀을 붙잡고 기도하자 하나님께서는 시기에 관하여 풀어 주셨다.

하나님께서는 성경을 통해 믿는 사람들에게 주님의 재림에 관하여 말씀하시며 깨어 예비하라고 하셨다(마 24:42~44). 그리고 마지막 때의 징조에 대해서도 말씀하셨다.

그날과 그때는 하나님 외에는 아무도 알 수 없으나 성경의 예언을 통해 때가 가까움을 알 수 있다. 따라서 우리는 항상 깨어 있는 슬기로운 사람이 되어야 한다.

만약 깨어 있지 않으면 주의 날이 도적같이 임하여 구원에 이를 수 없다. 한 예로, 노아 홍수 때 세상 사람들은 노아가 방주에 들어가는 날까지 먹고 마시고 혼인하며 홍수가 나서 다 멸하기까지 깨닫지 못했다. 깨어 있지 못하니 결국 멸망의 날이 도적같이 임했다.

오늘날에도 깨어 있는 알곡 신자들은 주님의 재림이 가까움을 깨닫고 준비하므로 주의 날이 도적같이 임하지 못한다. 그러나 믿지 않는 사람들이나 세상과 짝하는 쭉정이 신자들은 깨닫지 못하니 주의 날이 도적같이 임하여 구원에 이를 수 없는 것이다.

어느 날, 학교에서 신학교 동기생이 꿈 이야기를 했다.

"정말 이상한 꿈입니다. 분명히 하나님이 주신 꿈인데 전도사님이 저를 보고 주님이 언제 오실지 모르니 정신 차리고 깨어 있으라면서 주님이 속히 오신다고 말씀하셨어요."

나에게 계시하신 내용을 확증하기 위해 하나님께서 역사하신 것이다. 그 후 하나님 말씀을 살펴보니 계시 내용이 성경과 정확하게 맞았다. 그 당시 기쁨은 말할 수 없이 컸다.

1979년 8월, 신학교 1학년 여름 방학에는 이런 일이 있었다. 나를 아껴 주시던 목사님을 따라 '교역자 하기 대학'을 참석하기 위해 가나안 농군학교로 갔다. 평소 목사님들을 예수님 대하듯 하며 존경하던 나는 거기서 크게 실망하고 말았다.

그들은 "간음치 말라 … 여자를 보고 음욕을 품는 자마다 마음에 이미 간음하였느니라"(마 5:27, 28)는 말씀에 대해 토론했다. 열띤 토론 끝에 '생각 속에서 오는 간음을 어떻게 죄라고 할 수 있겠는가. 그러므로 죄가 아니다.'라는 결론이 난 것이다. 생각 속에서 오는 간음을 버리기 위해 삼 년쯤 기도한 끝에 응답받은 나로서는 큰 충격이 아닐 수 없었다.

하나님께서 우리에게 간음하지 말라는 계명을 주실 때에는 지킬 수 있기에 주시지 않았겠는가. 나는 이미 할 수 있다는 믿음을 가지고 기도하여 응답을 받았기에 감사가 절로 흘러나왔다.

"하나님, 감사합니다. 생각 속에서 오는 간음만큼은 버릴 수 없다는 말을 이전에 들었다면 처음부터 간음죄를 버리기 위해 노력하지도 않았을 것입니다. 그러나 하나님 말씀대로 살기 위해 오랜 세월 기도하며 간음죄를 버리게 하셨으니 무한 감사합니다."

누가 뭐라 해도 하나님 말씀을 믿고 더욱 기도하며 말씀 무장을 해야 한다는 각오가 뜨겁게 타올랐다.

신학생들은 대부분 학교에 다니면서 교회를 개척하였다. 1학년 때에는 어려 보이는 외모 때문에 나이 어린 신학생들이 나에게 반말을 하였다. 덕분에 학교생활을 하기가 편했지만 얼마 후 내 나이가 37세라는 사실이 밝혀지자 몹시 미안해했다.

나는 다른 사람들보다 나이가 많아서 더더욱 교회 개척을 준비해야 했다. 그래서 1학년 때부터 21일 금식 기도를 하며 여름 방학을 지냈으나 성경 안에 있는 많은 난해 구절 때문에 마음이 편치 않았다. 초신자 때부터 시간만 있으면 말씀을 친히 풀어 달라고 기도했지만 확실한 응답을 받지 못했다.

하나님께서 이러한 안타까움을 아시고 신학교 3학년 때인 1981년 겨울 방학을 맞아 40일 금식 기도를 주관하셨다. 곧바로 순종하여 40일 금식을 위한 준비 기도를 하는데, 하나님께서 "사랑하는 종아! 성경, 찬송가 외에 인간이 쓴 책을 일체 보지 말라."고 말씀하셨다.

금식하며 말씀 무장을 위해 여러 책을 가져가려던 계획을 접고 성경과 찬송가만 가지고 오산리 기도원으로 향했다. 주의 종으로 부름 받기 전에도, 신학교에 들어가서도 7일, 15일, 21일 무수히 금식했으니 40일 금식 역시 하나님께서 붙잡아 주시면 거뜬히 해낼 줄 믿고 금식에 들어갔다.

나는 40일 금식을 통해 하나님께서 기뻐하시는 주의 종으로 완전히 변화되어 능력이 나타나기를 간구했다. 또한 말씀 무장과 교회 개척을 위해 부르짖어 기도하였다. 그런데 금식 6일째부터 하나님께서 붙들어 주시지 않았다. 하나님께서 외면하시니 원수 마귀가 방해하여 잠조차 제대로 잘 수 없었다.

7, 8일이 지나면서 머리가 어지럽고 손과 발에 경련이 일어

연단은 소망을

났다. 30일이 넘어서자 목에서 피가 넘어오고 물을 마시면 토하는 등 심한 고통을 받았다. 그래도 시간을 정해 놓고 하루에 세 차례씩 부르짖어 기도하였다.

극심한 고통 가운데 금식 39일째를 보내고 40일째를 맞았다. 십 분이 한 시간 같았다. 겨울이라 더욱 춥고 어지럽고 답답했다. 뼈만 앙상하게 남았지만, 하나님께서는 하루에 두 시간 이상씩 부르짖어 기도하게 도와주셨다.

40일째 밤 열한 시가 되자, 거짓말같이 모든 고통이 사라졌다. 6일째부터 시작된 사단의 모든 시험이 물러가고 승리가 바로 눈앞에 다가왔다. 온 가족이 찬송과 율동을 하면서 하나님께 예배드리고 감사와 영광을 돌렸다.

금식 끝날까지 불꽃 같은 눈동자로 지켜보시며 마지막 시간에는 힘을 주셔서 멋지게 영광 돌리게 하신 하나님 앞에 감사의 눈물이 한없이 흘렀다. 이 금식을 통하여 하나님께서는 성경 66권을 풀이받을 수 있는 길을 열어 주셨다.

개척

햇살이 뜨겁게
내리쬐던 1982년 7월 25일,
만민중앙교회의 역사는
시작되었다.

    지금까지 하나님의 역사와 인도함을 돌아보면 매우 놀라운 섭리를 발견한다. 1974년 7월 10일, 아내가 가출하면서부터 하나님께서는 삼 년간 죄악을 버리도록 연단하셨다. 그리하여 항상 기뻐하고 범사에 감사하며 쉬지 않고 기도하는 하나님의 사람이 될 수 있었다.

    그동안 쌀 한 되 이상 사지 않으면서 빚을 갚아 나가며 정성껏 예물을 드렸다. 당장 내일 먹을 것이 없어도 주의 종이나 심방 오는 분들을 정성껏 대접했다. 그러면 하나님께서 즉시 역사하여 다음 날 먹을 것을 주시며 한 번도 굶지 않게 하셨다.

    연단하신 지 꼭 삼 년째인 1977년 7월 9일, 세 번째 가게를 개업하면서부터는 더 이상 먹을 것을 걱정하지 않도록 하셨다. 오히려 축복이 넘치니 구제하고 봉사하면서 마음껏 영광을 돌리게 하셨다.

1978년 5월, 주의 종으로 부르시며 삼 년 말씀 준비하라고 하셨다. 이듬해 신학교에 입학하면서 금식하고 철야 기도하며 오직 하나님 말씀을 무장하는 데 힘썼다. 주의 종으로서 죽어가는 많은 영혼을 살릴 수 있도록 기도와 능력과 은사로 무장하게 하신 것이다.

신학교 재학 시 방학 기간에는 오직 말씀과 기도로 무장하게 하시더니 집에 있을 때면 각양각색의 문제 있는 사람을 보내 영육 간의 문제를 상담하게 하셨다.

은사와 능력이 강하게 나타나 많은 영적 훈련도 쌓았다. 집사 시절부터 가까이 지내던 다른 교회 집사와 함께 일 년간 여기저기 다니며 기도해 주고 실습한 덕분이다.

1981년 5월부터는 교회 개척을 위해 집중적으로 기도하며 주일학교, 중등부, 고등부, 청년부, 대학부, 장년부 등 교회 기관 운영 및 성가대, 직원회 등 제반 업무를 배워 나갔다. 그해 11월부터는 마음껏 배울 수 있는 교회에서 봉사하며 많은 설교를 했다.

1982년 2월 마지막 주, 그러니까 신학교에 입학해 말씀 무장을 시작한 지 만 삼 년이 되었을 때 처음으로 마산 일만교회 부

홍성회를 인도했다. 그 일을 통하여 더욱 개척의 꿈은 커지고 개척을 위한 기도가 불같이 뜨거워졌다.

1982년 4월이 되자, 하나님께서는 교회 개척을 위한 기도에 구체적으로 하나하나 응답해 주셨다.

아내는 구역 인도자로서 다섯 명의 구역 식구를 4, 5개월 만에 25명으로 늘려 사모로서 자질을 키웠다. 기도를 해 줄 때마다 능력이 나타나고 많은 영혼을 갈무리할 수 있는 사랑이 넘쳤다. 모이면 기도하고 사랑의 떡을 떼며 교제하고, 흩어지면 전도하는 삶을 살았다.

하나님께서는 개척에 필요한 일꾼도 불러 주셨다. 무에서 유를 창조하시는 하나님께서는 인간적인 방법으로 개척하는 것을 원치 않으셨다. 집사인 큰누나, 전도사인 막내 누나, 처남댁, 처형 등 일가친척이 있지만 그들에게 의존하는 것을 막고 귀한 일꾼을 예비하였다가 때가 이르자 보내신 것이다.

또한 하나님께서는 개척에 필요한 물질도 주셨다. 그렇게 잘 되던 가게가 차츰 기울어 월세를 내지 못하고 급기야 보증금을 까먹기 시작했다. 교회 개척을 앞두고 가게를 정리하여 각종 세금과 보증금을 청산하니 단돈 7천 원이 남았다. 하나님께서는 내가 세상에서 번 것을 무로 돌리게 하시고 7천 원을 가지고 개척하도록 하신 것이다.

연단은 소망을

하나님께서 안애자 집사를 통해 개척에 필요한 물질을 예비하셨다. 이분은 나를 만나기 전부터 300만 원을 성전 건축 헌금으로 작정하였으나 환경이 여의치 않아 드리지 못했다고 한다. 그런데 기도 중에 자신의 집을 통해 역사하시겠다는 주관을 받았다고 했다.

남편의 사업 때문에 집을 팔려고 내놓았지만 수년이 지나도록 팔리지 않아 1,500만 원까지 값을 내려 복덕방에 내놓았던 집이다. 그래도 집을 보러 오는 사람이 없었는데 교회 개척을 위해 삼 일 금식 후 300만 원을 올려 다시 집을 내놓았다.

하나님의 인도는 참으로 놀라웠다. 다음 날, 어떤 사람이 그 집을 보더니 매우 흡족해하며 쾌히 1,800만 원에 사겠다고 나선 것이다. 그리하여 300만 원을 건축 헌금으로 드리니, 이 돈으로 성전 건물을 임대할 수 있었다.

이 외에도 칠 년간의 기도에 대한 응답으로 계시받을 수 있도록 대언자를 주셨다. 아내가 전도한 사람 중에 교회에 등록한 지 2주밖에 되지 않은 여성도가 갑자기 나를 찾아왔다.

"전도사님, 한밤중에 누가 내 이름을 세 번 부르기에 깨어 보니 눈을 뜰 수 없을 만큼 찬란한 빛 가운데 '내가 너를 선택하여 이방 중에 알리고 세계에 내 증거자가 되게 하리라.'는 말씀이 들렸어요. 무슨 뜻인지 모르겠어요."

그녀는 성경을 모르고 하나님, 예수님 이름 정도만 아는 초신자였다. 하지만 단 한 번의 기도로 위장병이 깨끗이 나은 체험이 있었다. 개척을 위한 기도 모임을 할 때 이 여인의 입을 통해 하나님 말씀이 임했다. 내가 처음 주의 종으로 부름 받았을 때 주신 말씀이 똑같이 나오는 것을 보면서 깜짝 놀랐다.

"… 네가 전에 성령의 열두 가지 은사를 구하지 않았느냐? 너에게 다 주었으니 감사 기도하라."

성령의 은사에 대한 것은 누구에게도 말하지 않고 나 혼자 기도하던 것이었다. 아내도 알지 못하는 사실이 그를 통해 나오는 것을 보면서 하나님께서 주시는 대언임을 깨달았다.

그동안 나는 성경에 기록된 성령의 아홉 가지 은사(고전 12:8~10) 외에 환상, 투시, 사랑의 은사 등 열두 가지 은사를 받고자 기도하고 있었다.

나는 하나님의 역사하심을 믿기에 기회 있을 때마다 기도해 주고 진리의 말씀을 가르치며 인도했다. 이렇게 개척에 필요한 것마다 응답하신 하나님께서는 태양이 작열할 때 개척하라고 말씀하시며 개척을 앞두고 시험이 올 것도 알려 주셨다.

1982년에는 개척을 준비하면서 몇 차례 기도 모임을 가졌다. 처음에는 안애자 집사의 집에서 은사집회를 했는데, 발 디딜 틈이 없을 정도로 사람들이 많이 모였다.

두 번째 기도 모임은 우리 가게에서 가졌는데, 팔이 부러져 깁스를 한 사람이 치료받았다. 또 수년간 임신을 하지 못하던 여인이 기도받은 뒤 임신했다는 소식을 들었다.

세 번째 모임은 삼각산에서 가졌다. 인원이 40명이 넘었고 신학생과 주의 종들도 참석하였다. 이때 병원에서 척추 수술을 받았지만 재발하여 아주 위험한 상태에 있던 어떤 여인이 업혀서 참석했다. 기도 모임 시 내가 기도해 주었는데 깨끗하게 치료받아 하산할 때에는 스스로 걸어서 내려왔다.

네 번째 모임도 산에서 가졌는데, 소문을 들은 신학생들이 많이 참석했다. 하나님께서는 "이 집회를 마치고 나면 너에게 시험이 따르리라. 그러나 염려하지 말고 믿고 기도하라. 내가 축복으로 갚아 주리라." 말씀하셨는데 과연 그대로 되었다.

1982년 6월, 기말고사 기간이라 시험을 본 후 집에 돌아왔는데 나를 가르치던 신학교 교수님이 집에까지 찾아오셨다. 먼 길을 마다하지 않고 오신 것을 보니 예삿일이 아닌 것 같았다.

"나도 전에 기도원을 찾아다니며 기도를 많이 해서 영적인 세계와 은사를 알고 있습니다. 전도사님은 영적으로 대단히 깊이가 있고 은사를 많이 받으신 분이라는 것을 알고 있습니다. 전도사님이 개척하려고 하니 원수 마귀 사단이 방해하는 것 같습니다 … 일단 개척하려는 것을 멈추는 것이 좋겠습니다. 오늘 교수 회의가 있었는데, 전도사님을 제명하겠다고 합니다. 나는 전도사님이 그럴 분이 아니란 것을 압니다."

차근차근 신학교 상황을 알려 주는 교수님의 말을 들어보니 담당 교수님뿐 아니라 내가 섬기던 교회 목사님도 나를 오해하고 있었다는 사실을 알 수 있었다.

"전도사님이 산에 가서 기도를 하면서 자칭 그리스도라고 했다면서요? 어떤 여종을 데리고 가서 주의 종들에게 안수했다면서요?"

"저는 자칭 그리스도라고 한 적이 없습니다. 주의 종들에게 안수한 적도 없습니다."

내가 기도해 줄 때마다 많은 치료 역사가 나타나니 이를 시기 질투한 동기가 담당 교수님에게 거짓 보고를 한 것이다.

"이재록 전도사는 끼리끼리 모여 분당을 일으키고 있습니다. 자칭 그리스도라고 합니다."

삽시간에 소문이 꼬리를 물고 엉뚱하게 보태졌다. 그런데 4년 동안 나를 가르치던 교수님들이 이런 황당한 이야기를 듣고 확인하지도 않은 채 제명을 결정한 것이다.

나는 억울함을 호소하거나 해명하지 않았다. 앞이 막막했지만 하나님께 맡기며 기도했을 때 "오직 기뻐하고 감사하며 그들을 위해 사랑의 간구를 하라."고 말씀하셨다.

교회 개척을 앞둔 시험인 줄 알기에 감사했지만 신학교에서 제명 운운한다는 말에 진정이 안 되고 떨렸다. 신학교에서 나를 따르던 주의 종들은 경고를 받았다. 나는 어이없게도 '귀신 들렸다, 마귀의 역사다, 이단이다.'라는 말을 들었다.

그래도 "염려하지 말라. 감사 기도하라. 사단의 진은 깨어지리니 끝까지 미워하지 말고 사랑하라."는 응답을 받았기에 믿음으로 담대히 기도만 했다. 9월이 되어 신학교에 등교하니 내 문제 때문에 동기들이 옥신각신 다툰다는 얘기가 들렸다.

거짓말로 나를 모략한 동기가 회개하는 의미에서 이번 학기에 등록하지 않기로 결정했다는 것이다. 나는 그를 찾아가 조금도 서운함이나 감정이 없으니 등록하라고 권했다. 결국 오해가 풀려 모든 문제가 원만하게 해결될 수 있도록 하나님께서 역사하셨다.

이러한 큰 시험을 이긴 대가로 교회 개척의 문이 활짝 열리고 하나님께서 모든 것을 합력하여 선을 이루신 것이다.

나는 성도들과 함께 삼 일 금식기도 후 개척할 성전을 찾았다. 하나님께서 예비하신 동작구 신대방동으로 이끌어 주셨다. 신대방동이 어디 있는지 몰라 주변에 물어서 무작정 찾아갔다. 그때 신대방동은 아직 개발되지 않은 상태여서 주변에 아파트나 주택이 별로 없고 거리가 한산했다.

전혀 가 본 적 없고 생각지 못한 곳이지만 하나님께서 인도하시는 대로 찾아갔더니 마침 새로 건물을 짓고 있었다. 놀랍게도 교회에 내 주려고 한다는 것이었다. 수중에 가진 것은 없지만 인간적인 생각을 동원하지 않고 오직 믿음으로 바라보며 모든 것을 하나님께 구했다.

성전 건물을 계약할 날이 되었는데 한 시간을 기다려도 건물 주인이 나타나지 않아 계약서를 쓰지 못했다.

"하나님, 한 시간이나 기다렸습니다. 지금부터 오 분을 더 기다려도 오지 않으면 하나님 뜻이 아닌 줄 알고 가겠습니다."

내가 믿음으로 기도하니 거짓말같이 주인이 나타났다.

"계약을 안 한다고 말하러 왔는데 전도사님 얼굴을 보는 순간 마음이 변했어요."

주인은 보증금 300만 원 월세 15만 원에 내놓은 건물을 월세 12만 원으로 깎아 주기까지 하였다. 모든 것을 하나님께 맡기니 교회 개척을 위하여 내가 결정할 것이 없었다. 다만 하나님 앞에 기도할 뿐이었다.

그리하여 하나님께서 태양이 작열할 때 개척되리라고 말씀하신 대로 햇살이 뜨겁게 내리쬐던 1982년 7월 25일, 만민중앙교회의 역사는 시작되었다.

사랑의 하나님께서 인도하신 동작구 신대방동에 위치한 건물 2층에서 우리 가족을 포함하여 장년 아홉 명, 어린이 네 명이 참석한 가운데 '보배 중의 보배는 믿음'이라는 제목으로 개척 예배를 드렸다.

신학교 4학년 재학 중, 이단으로 몰리고 제명될 뻔한 커다란 시험을 이기고 개척하였기에 감격이 넘쳤다. '할렐루야!'로 영광 돌리는 내내 감사의 눈물이 그칠 줄 모르고 흘러 내렸다.

개척 예배 후 합심 기도의 열기는 날이 갈수록 뜨거워졌다. 매일 네다섯 명이 합심하여 5, 6시간씩 부르짖어 기도했다. 예레미야 33장 3절에 "너는 내게 부르짖으라 내가 네게 응답하겠고 네가 알지 못하는 크고 비밀한 일을 네게 보이리라" 하신 말씀대로 부르짖어 기도할 때 성도를 보내 주시고 강대상, 피아노, 전화 등 필요한 것을 채워 주셨다.

또한 주님이 십자가에 달려 돌아가신 날을 기억하여 매주 금요철야예배를 빠뜨리지 않고 드리며 기쁨으로 찬양하고 기도하였다. 하나님께서는 이를 기뻐 받으시고 무수한 기적을 보여 주며 영육 간의 문제를 해결해 주셨다.

그리하여 예배 때마다 많은 양 떼와 일꾼이 등록하였다. 위암과 중풍, 임파선염, 심장병, 악성 위장병 등 각종 질병을 치료받고 등록한 사람들은 귀한 일꾼으로 성장하였다. 이처럼 살아 계신 하나님께서는 무에서 유를 창조하시는 권능으로 개척을 이루고 넘치는 축복을 받도록 친히 인도하신 것이다.

그릇

하나님께서는
많은 주의 종과 영혼들에게
섬을 주는 큰 그릇의
목자로 나를 인도하셨다.

1979년, 신학교 1학년 때 누나가 개척할 땅을 주겠다고 약속하여 가건물을 짓기 위해 동분서주하였으나 건축 허가를 얻지 못하였다. 또 교회 건물을 빌리고자 하였으나 돈이 턱없이 부족했다. 결국 교회를 개척하는 데 만 삼 년이 걸렸다.

내 생각으로는 누나들과 조카들만 해도 열 명이 넘는 개척 교회 인원을 확보할 수 있을 터였다. 일가친척의 도움을 받으면 얼마든지 가능한 일이다. 그러나 하나님 뜻은 달랐다. 모든 생각을 깨뜨리고 오직 하나님 뜻에 따라 개척하기를 원하셨다. "사람이 마음으로 자기의 길을 계획할지라도 그 걸음을 인도하는 자는 여호와시니라"(잠 16:9) 하신 말씀대로였다.

하나님께서는 만 삼 년 동안 나의 그릇을 변화시키셨다. 인간적인 도움을 받아 소수 무리를 인도하는 사람이 아니라, 하나님 능력을 믿고 큰 무리를 인도할 수 있는 사람으로 만드신 것이다. 개척에 관한 모든 것을 하나님께 맡긴다고 하면서도 생각을 동원하여 하나님보다 내가 앞서 나간 것을 하나하나 돌려드렸다.

오직 하나님 뜻대로 했더니 놀라운 기적의 역사를 일으킬 수 있었다. 수년 동안 개척할 교회 이름을 놓고 기도했지만 응답이 없었다. 하나님께서 원하시는 그릇이 되었을 때 응답하셨다.
"만민교회라 칭할지니라."
"온 천하에 다니며 만민에게 복음을 전파하라"(막 16:15)
나를 주의 종으로 부르실 때 "산 넘고 강과 바다를 건너다니며 기사와 표적을 행하리라." 하신 하나님께서 다시 그 말씀을 주신 것이다. 무에서 유를 창조하는 하나님 역사대로 교회를 개척하도록 인도하시며 만민에게 복음을 전파하는 큰 그릇이 되라고 하셨다.

하나님의 뜻대로 부모, 형제, 자매, 일가친척의 도움을 전혀 받지 않고 오직 하나님께서 예비하신 사람과 물질로 교회를 개척하였다. 하나님의 능력을 다시 한 번 가슴 깊이 체험하고 감사를 드렸다.

하나님께서는 그의 나라를 이루기 위해 많은 그릇을 예비해 놓으셨다. 금그릇, 은그릇뿐 아니라 나무와 질그릇도 있어 귀히 쓰는 것과 천히 쓰는 것이 있다고 하셨다. 누구든지 자기를 깨끗하게 하면 귀한 그릇이 되어 거룩하고 주인이 쓰는 데에 합당하며 모든 선한 일에 예비된다(딤후 2:20, 21).

과연 나는 어떤 그릇이며, 어떤 그릇이 되어야 하나님께서 쓰기에 합당하다고 하실까? 하나님께서 교회 개척을 허락하셨을 때에 나는 깨끗한 그릇이 되어 있었다. 십계명을 그대로 지켰고 성령의 아홉 가지 열매를 맺었다. 하나님께서는 어떠한 죄악도 용납하지 않고 오직 성결한 사람이 되도록 인도하셨다.

그렇지만 개척 전에 시험을 통해 연단의 시간도 갖게 하셨다. 동역자로 부르신 여종 때문에 예상치 못한 시험이 찾아왔다. 나와 함께 하나님의 역사를 체험하고 기도하던 사람 가운데 하나가 거짓 증언을 했다. 이 일로 나는 신학교에서 제명될 위기에 놓였지만 살아 계신 하나님을 믿기에 오직 말씀대로 행하며 기도에 힘썼다.

> "아무것도 염려하지 말고 오직 모든 일에 기도와 간구로,
> 너희 구할 것을 감사함으로 하나님께 아뢰라
> 그리하면 모든 지각에 뛰어난 하나님의 평강이
> 그리스도 예수 안에서 너희 마음과 생각을 지키시리라"
> (빌 4:6, 7)

나는 이 말씀에 의지하여 하나님 역사를 믿고 끝까지 기도했다. 결국 선으로 모든 것을 이길 수 있었다. 그 당시 나를 믿고 따르던 주의 종들이 그때를 회고하며 말하곤 한다.

"당사자가 아닌 우리도 몹시 떨리는데, 담대하게 기도만 하고 끝까지 그들을 미워하지 않는 모습을 보고 정말 믿음이 크다고 느꼈습니다."

아내도 가끔 그 당시를 말한다.

"저는 개척 전 몇 개월간 반 미친 사람 같았어요. 그런 불같은 시험을 이기자니 너무 힘들어 어찌할 바를 몰랐어요. 그런데 목사님은 역시 다르더군요."

어떠한 상황에서도 악을 행치 않았던 나의 선과 믿음을 사람들과 원수 마귀 사단이 인정하게 한 후, 하나님께서는 교회를 개척할 수 있게 하셨다. 시험을 이기고 나니 축복은 이루 말할 수 없을 정도였다.

먼저 불같은 기도를 통하여 하나님 섭리를 분명히 알려 주셨다. 그때부터 우리는 세계 선교를 위해 기도했다. 예수님께서 열두 제자를 불러 하나님의 뜻을 이루게 하신 것같이 우리 교회도 때에 따라 주의 종을 부르고 하나님 뜻과 섭리를 온전히 이룰 수 있도록 많은 양 떼를 불러 주셨다.

그리고 마지막 때에 세계 선교를 이룰 대성전을 보여 주셨다. 우리 성도 17명에게 대성전 지붕과 96개의 대리석 기둥, 그리고 내부를 자세히 보여 주셨다. 대성전 강단은 내부 중앙에 있으며, 단이 천천히 회전한다. 무수한 영혼이 은혜받는 모습과 내가 설교하는 모습, 놀라운 기적이 일어나는 모습을 보여 주시며 믿음으로 세계 선교를 위해 기도하게 하셨다.

이처럼 하나님께서는 많은 주의 종과 영혼들에게 쉼을 주는 큰 그릇의 목자로 나를 인도하셨다. 처음 주의 종으로 하나님께서 부르실 때 스스로 부족함을 염려하여 삼 개월간 방황하던 내가 세계 선교를 꿈꾸고 믿음으로 기도하며 행하는 사람이 되었으니 얼마나 놀라운 기적인가?

주의 종으로 부름 받은 이후 나의 기도 제목은 항상 개척과 말씀 무장, 능력 무장, 은사 무장, 기도 무장과 성결이었다. 하나님께서는 교회 개척 직전에 고린도전서 12장에 기록된 은사들 외에 사랑, 투시, 환상의 은사를 주셨다.

더욱이 크고 작은 질병은 물론, 병원에서 고치지 못하는 불치의 병, 불임, 귀신 들린 사람 등을 기도해 줄 때마다 하나님의 능력이 나타났다. 교회를 개척하자마자 하나님께서는 중풍, 암, 관절염, 심장병, 임파선염, 결핵, 위장병 등 온갖 병든 사람을 불러 모아 깨끗이 치료해 주셨다. 하나님 능력으로 어떤 병인들 치료하지 못하겠는가!

그뿐 아니라 심령이 가난한 사람, 말씀을 잘못 알고 행치 못하는 사람, 말씀대로 살지 못하여 시험 환난 속에 있는 사람, 영

연단은 소망을

적으로 충만하지 못하여 방황하는 사람을 불러 모으셨다.

교회 개척 당시 장년 아홉 명이던 성도가 10월 10일 창립 예배 때에는 백여 명이 되었고, 해를 거듭할수록 기하급수적으로 늘어나 오늘날에는 세계적인 대교회로 성장했다. 이렇게 놀라운 부흥을 주신 이유는 무엇일까? 하나님께서 원하시는 대로 성결한 삶을 살며 오직 하나님 뜻에 순종하니 큰 그릇을 만들어 그 뜻대로 사용하시며 영광 받으시는 것이다.

나는 항상 어떻게 하면 많은 영혼을 구원하고 그들을 알곡으로 변화시켜 하나님을 기쁘시게 할까 기도하였다. 그리고 누구든지 깨끗하고 큰 그릇이 되고자 한다면 그만한 지혜를 갖춰야 한다는 것을 깨닫고 말씀 속에서 해답을 얻었다.

> "너희 중에 지혜와 총명이 있는 자가 누구뇨
> 그는 선행으로 말미암아 지혜의 온유함으로
> 그 행함을 보일지니라"(약 3:13)

> "오직 위로부터 난 지혜는 첫째 성결하고
> 다음에 화평하고 관용하고 양순하며 긍휼과
> 선한 열매가 가득하고 편벽과 거짓이 없나니
> 화평케 하는 자들은 화평으로 심어
> 의의 열매를 거두느니라"(약 3:17, 18)

나는 하나님께서 주시는 지혜대로 선 가운데 행했다. 개척하면서부터 다른 미자립 교회를 돕고 신학교 건축을 위해 헌금했으며, 많은 주의 종이 마음 놓고 하나님 일을 할 수 있도록 침식을 제공하며 등록금을 보조했다.

또한 주일이면 온 성도가 친교하고 온전한 주일을 지킬 수 있도록 점심 식사를 제공하였다. 재정을 생각하면 어려운 일이지만 오직 모든 일을 하나님께 맡기고 '주라 그리하면 누르고 흔들어 차고 넘치게 채우리라, 적게 심는 자는 적게 거두고 많이 심는 자는 많이 거둔다'는 말씀에 순종하였다.

무엇보다도 많은 영혼을 구원하되 알곡으로 양육하여 하나님께 영광 돌리기 위해 오직 기도하고 하나님과 교통하며 계시받는 일에 전념하였다(마 11:27 ; 고전 14:26).

나는 성경의 많은 난해 구절을 포함한 66권을 풀이받아 온전한 하나님 뜻을 전파하여 전 세계를 복음화하는 일에 앞장서야겠다고 다짐했다. 또한 쭉정이 신자를 알곡으로, 믿지 않는 사람을 믿는 사람으로 변화시켜 다시 오실 주님을 맞이하기 위한 준비에 정성을 다하였다.

— 5부 —

함께하시는 하나님

나는 주관자이신
하나님을 만나
무수한 복을 받았다.

그분의 주관에 따라
죽은 영혼을 살리는 주의 종으로서
하나님 말씀을 전하는 사람이 되었다.
일점일획도 변함없는
온전한 말씀을 전할 수 있도록
음성을 들려주시는
주관자 하나님께 감사드린다.

축복받은
사람들

이러한 광경을 목격한 성도들은
믿음이 크게 자랐고,
믿는 자에게는
능치 못할 일이 없는
하나님께 영광 돌렸다.

    나는 온갖 질병으로 죽어갈 때 우리나라에서 꽤 잘 알려진 작명소에 간 적이 있다. 이른 아침부터 많은 사람이 줄을 서서 기다리는 것을 보았다. 오후 4시경이 되어서야 '김봉수'라는 유명한 사람을 만날 수 있었다.

    아내와 나의 관상과 이름을 한참 보더니 "이재록은 죽을 수밖에 없고 이복님은 평생 식모살이 할 팔자요. 이렇게 나쁜 이름들은 처음 보는 걸." 하며 혀를 찼다. 그날부터 나는 이성욱, 아내는 이지연으로 이름을 고쳤다. 그런데도 질병에서 벗어나지 못했고 아내는 줄곧 고생을 달고 살았다.

처가에서는 아내를 낳고 나서 복이 임했다고 복님이라는 이름을 지었다. 그런데 복은커녕 식모살이를 해야 할 팔자라고 해서 개명을 하였건만 복은 오지 않았다. 아내와 내가 복을 받기 위해 얼마나 몸부림쳤는지 그 정성은 눈물 날 지경이었다.

'어떻게 하면 건강할 수 있을까, 가난을 면할 수 있을까, 어떻게 하면 우리 딸들이 천덕꾸러기 신세를 면하고 행복할까?'

대부분의 사람들은 건강, 장수, 부귀를 누리며 자녀가 번창하면 복을 받았다고 말한다. 이러한 복을 받으면 잠시는 근심, 걱정 없이 살아갈 수 있을지 모른다. 그러나 죽고 나면 이러한 복이 무슨 소용 있겠는가. 강건해야 70~80년 사는 인생이니 생명이 다한 뒤에는 무슨 의미가 있겠는가.

단지 이 세상을 살아가는 데 필요한 복이라면 참된 복이라고 할 수 없다. 그러면 참된 복은 무엇일까? 인류 역사와 인간의 생사화복이 하나님께 속한 것을 알려 주는 성경에는 참된 복을 받은 사람에 대해 나와 있다.

창세기 12장 2절을 보면 "내가 너로 큰 민족을 이루고 네게 복을 주어 네 이름을 창대케 하리니 너는 복의 근원이 될지라" 말씀하신다. 이 사람이 바로 믿음의 조상 아브라함이다. 아브라함은 창조주 하나님을 믿기에 오직 그 말씀에 순종하였다. 죽은 사람도 살리시는 하나님을 믿는 까닭에 참으로 그분을 경외하며 그 행위가 완전하였다.

그는 175세까지 장수하며 여러 자녀를 얻었다. 뿐만 아니라 많은 종과 물질을 얻고 범사에 복을 받아 만사형통하였다. 그리고 이 땅에서의 삶을 마친 뒤에는 영원한 천국에서 지극히 존귀한 자리에 이르는 축복을 받았다.

성경에서 말씀하는 복 가운데 하나님을 믿고 말씀대로 살다가 눈물, 슬픔, 고통이 없는 천국에 가는 영혼의 축복이 으뜸이다. 두 번째는 범사가 잘되고 강건한 복, 곧 장수, 건강, 자녀, 명예, 물질 등 이 땅에서 살아가는 데 필요한 축복이다. 이러한 두 가지 축복을 다 받아야 참되고 온전한 것이다.

그러나 이 세상에는 축복받은 것 같으나 그것이 잠시인 경우가 얼마나 흔한가. 집이 몇 채에 돈을 물 쓰듯 하다가도 몇 년 안 가서 방 한 칸 없어 쩔쩔매는 사람, 갑작스러운 질병으로 고통받는 사람, 물질은 많지만 자녀 문제로 혹은 사랑하는 가족을 잃어 슬퍼하는 사람이 얼마나 많은가. 반면 하나님께서 주시는 축복은 변치 않으며, 날이 갈수록 넘친다.

"복 있는 사람은 악인의 꾀를 좇지 아니하며
죄인의 길에 서지 아니하며
오만한 자의 자리에 앉지 아니하고
오직 여호와의 율법을 즐거워하여
그 율법을 주야로 묵상하는 자로다

저는 시냇가에 심은 나무가 시절을 좇아 과실을 맺으며
그 잎사귀가 마르지 아니함 같으니
그 행사가 다 형통하리로다"(시 1:1~3)

신앙생활을 하면서 연단을 통해 나의 그릇이 변화되는 만큼 하나님께서는 여러 가지 놀라운 축복을 주셨다.

첫째, 영혼이 잘되는 축복을 받아 천국에 소망을 두고 살게 되었다. 나는 창조주 하나님이 계신 것을 몰랐고 내세가 있는 것도 모른 채 이 땅의 삶이 끝인 줄 알고 소망 없는 삶을 살아왔다. 그런데 어느 날, 모든 질병을 치료받아 살아 계신 하나님을 체험하면서 그분이 계신 것을 인정하고 천국이 있음을 믿었다.

구원의 축복을 받았을 때의 기쁨을 누가 알까! 나는 길을 걸으면서도 찬송하고 기도하며, 무엇을 하든지 감사하고 기뻐했다. 오직 천국에 소망을 두고 하나님 뜻대로 행하며 사명을 온전히 감당하기 위해 죽도록 충성하는 사람이 된 것이다.

뿐만 아니라 내가 만난 하나님을 전하고 그리스도의 몸 된 교회에 충성하니 많은 영혼을 구원하며 하나님의 능력 있는 종이 되는 축복을 받았다.

둘째, 건강과 물질 그리고 자녀의 축복을 받았다. 만신창이가 된 몸을 하나님의 능력으로 치료받아 질병 없는 강건한 육체가 되었다. 화목한 가정을 이루고 물질의 축복을 받았으며 건강하고 지혜로운 자녀를 얻었다.

셋째, 하나님과 동행하는 삶의 축복을 받았다. 내가 하나님께서 기뻐하시는 일을 하므로 나를 혼자 두지 않고 늘 함께하셨다. 얼마나 놀라운 축복인가! 대통령과 동행하는 삶이라 해도 큰 영광인데 전지전능하고 무소부재하신 하나님과 동행하는 삶은 어떠하랴.

하나님께서는 나와 동행하여 모든 것을 채우시며 하나님 일을 감당하는 데 조금도 어려움이 없도록 권세와 능력, 지혜를 주셨다. 또한 내가 주의 종으로서 단에서 증거하는 말씀을 보장하시고 성도들이 믿고 따를 수 있도록 주관하셨다.

넷째, 무엇이든지 구하는 대로 응답받는 축복을 받았다. 하나님께서는 내 마음에 책망할 것이 없으면 무엇이든 구하는 대로 응답하는 분이심을 깨달았다. 더욱이 기사와 표적, 희한한 능이 나타났다. 죽어가는 사람이 살아나고 소경이 눈을 뜨고 벙어리가 말하며 불치병, 난치병 등 각종 질병이 치료되는 역사가 넘쳤다.

교회를 개척한 지 반 년쯤 지났을 때였다. 그 당시 성전은 건물 2층이고 사택과 교회 사무실은 지하에 있었다. 설을 하루 앞둔 1983년 2월, 금요철야예배가 끝난 새벽 6시경 큰 소동이 일어났다. 지하실 사택에서 잠든 어린 세 딸과 한 청년이 연탄가스를 마시고 사경을 헤맸다. 이 청년은 철야예배를 드리다가 피곤하여 쉬던 중 가스에 중독된 것이었다.

예배가 끝난 뒤에야 발견하는 바람에 네 사람 다 이미 의식을 잃고 몸이 뻣뻣하게 굳은 상태였다. 성도들은 우왕좌왕했다. 나는 성전으로 그들을 옮기게 하고 단 위에 올라가 무릎 꿇고 기도했다.

"아버지 하나님, 감사합니다. 저의 세 딸을 눈물, 슬픔, 고통이 없는 천국에 데려가시니 감사합니다. 행여 저의 부족함이 있다면 깨닫게 하시고 용서해 주옵소서. 그러나 저 청년은 양 떼입니다. 청년만은 살려 주셔서 하나님의 영광 가리지 않도록 해 주시기 원합니다."

단에서 내려와 먼저 청년에게 손을 얹고 기도했다.

"나사렛 예수 그리스도의 이름으로 명하노니 연탄가스야 물러가라. 그에게서 나올지니라. 아버지 하나님께서 이 영혼을 살리시고 영광 받으옵소서."

세 딸에게도 차례로 기도했다. 막내딸에게 가서 기도하는데, 바로 그때 뻣뻣하게 굳어 있던 청년이 부스스 일어나 앉으며 영문을 몰라 어리둥절해 했다. 세 딸도 기도하는 대로 일어나 앉았다. 할렐루야!

이러한 광경을 목격한 성도들은 믿음이 크게 자랐고, 믿는 자에게는 능치 못할 일이 없게 하시는 하나님께 영광 돌렸다. 이 후에도 연탄가스 중독으로 죽음의 문턱에 있다가 내 기도를 받고 살아난 사람들이 참으로 많다.

이런 일도 있었다. 개척 일 년 후 처음으로 중·고등부, 청년 여름 수련회를 떠나는 날 새벽이었다. 밤새 억수 같은 비가 퍼붓더니 새벽에는 천둥 번개까지 쳤다.

전날 미리 짐을 챙겨 성전에 모인 학생들과 청년들이 낙심했다. 그러나 나는 예수님께서 바람을 꾸짖으며 바다더러 잠잠하라 고요하라 하시니 바람이 그치고 아주 잔잔해졌다는 말씀(막 4:39)을 믿고 간구했다.

"아버지 하나님, 오늘 여름 수련회를 떠나는 날입니다. 천기를 주관하시는 하나님께서 천둥 번개와 비를 멈춰 주시기 원합니다. 중·고등부, 청년, 어린 영혼들이 수련회를 잘 다녀올 수 있도록 형통하게 하옵소서. 믿습니다."

여름 수련회 장소는 인천 대부도인데 배가 하루에 한 번밖에 없었다. 교회 출발 예정 시간은 새벽 5시였다. 4시 55분까지 기다렸지만 비는 그칠 줄 몰랐다. 그러나 나는 비가 그칠 것이라는 확신이 생겨 그들에게 선포했다.

"청년, 학생 여러분, 우리가 합심하여 기도하고 나면 하나님께서 천둥과 번개, 비를 멎게 해 주실 줄 믿습니까?"

"아멘!"

3분가량 합심기도 한 뒤 출발하라고 전했더니 모두들 2층 성전에서 1층으로 내려갔다. 그들이 땅을 밟는 순간, 억수같이 내리던 비가 세미한 물보라처럼 흩날리면서 순식간에 사라졌다.

누가 이런 사실을 믿을 수 있겠는가. 천기를 움직이고 기이한 일을 나타내신 아버지 하나님! 하물며 무엇인들 간구하면 응답하시지 않겠는가.

주의
음성

하나님을 믿는 사람들이라면
아버지 하나님과
영적 대화를 통하여
그 음성을 들을 수 있어야 한다.

요즈음 청소년 문제로 고민하는 부모와 교사가 날로 늘어간다. 청소년이 탈선하는 이유를 들여다보면 대부분 애정 없는 가정환경 때문이거나 부모와 사랑의 대화가 부족한 경우이다.

실제로 대화가 적어서 사랑을 깨닫지 못할 때도 있지만 서로 사고방식이 달라서 대화가 이뤄지지 않는 경우도 있다. 그래서 부모의 사랑을 깨닫지 못하고 강한 반발심으로 탈선의 길로 접어들기도 한다.

하나님 자녀가 된 사람도 마찬가지이다. 아버지 하나님과 사랑의 대화를 나눈다면 하나님께서 원하시는 삶, 하나님과 동행하는 삶을 살 수 있다.

그렇지 않은 경우에는 하나님 사랑을 깨닫지 못하다가 하나님을 떠나거나 죄의 길로 접어들기도 한다. 하나님과 동행하는 삶이란 깊은 사랑의 대화를 나누며 그 음성을 듣고 그 뜻을 제대로 알아 순종하는 것이다. 그리하여 오직 하나님께 영광 돌리며 많은 상급을 쌓는다.

우리가 하나님 자녀라고 하면서 그분과 대화할 수 없다면 얼마나 답답할까? 그러기에 우리의 아버지 되시는 하나님께서는 여러 가지 방법으로 음성을 들려 주신다. 나의 체험을 바탕으로 어떻게 들려 주시는지 소개하고자 한다.

먼저, 예수 그리스도를 영접하고 성령을 선물로 받은 하나님의 자녀들은 누구나 들을 수 있는 성령의 음성이 있다.

우리가 예수님을 구세주로 영접하기 전에는 양심에 따라 이 세상을 산다. 선한 양심을 가진 사람은 선하게 살며, 그렇지 못한 사람은 악을 좇아 살아간다. 예를 들어, 길 가다가 큰 금덩이를 발견했다고 하자. 그러면 양심에 따라 저마다 생각과 행동이 달라진다.

선한 양심을 가진 사람은 '이렇게 큰 금덩이를 잃어버리고 주인이 얼마나 애타게 찾을까. 어떻게 찾아 주지?' 하면서 잃어버린 사람 입장에서 모든 것을 생각한다. 욕심이 있는 사람은 주변을 살피다가 보는 사람이 없으면 갖고자 한다. 이때 '몰래 가져가면 도둑질하는 것이야. 도둑질은 옳은 일이 아니야.' 하며 탐내는 마음을 책망하고 바르게 살도록 가르치는 양심의 소리가 들린다. 선한 양심이 조금이라도 있는 사람은 그 소리를 듣고 순종하지만 그렇지 않은 사람은 결국 도둑질하고 만다.

오늘날처럼 죄악이 두루 퍼진 때에는 양심도 악해진다. 길에 떨어진 금덩이를 발견하고 "야! 이게 웬 횡재냐!" 하면서 잃어버린 사람의 고통을 생각지 않고 기뻐하는 경우도 있다. 그러고도 도둑질이라 생각지 않는다. 이처럼 양심의 소리는 사람마다 다르고 시대에 따라 달라진다.

그러므로 양심은 진리의 기준이 될 수 없다. 영원히 변치 않는 하나님 말씀만이 진리의 기준이 되는 것이다. 선한 양심의 소리를 듣고 사는 사람에게 복음을 전하면 쉽게 받아들인다. 마음 문을 열고 예수가 구세주임을 믿고 받아들이면 하나님께서는 성령을 선물로 주신다.

성령은 진리를 깨닫게 하시며 죄와 의와 심판에 대하여 알려 주어 말씀대로 살아갈 수 있도록 도우신다. 진리 말씀을 통해 죄악을 버리는 만큼 우리 영혼은 성령의 음성을 들을 수 있다. 죄악을 완전히 버리고 성결하면 성령의 음성을 정확하게 들을 수 있다. 이러한 성령의 음성은 세 가지로 구분할 수 있다.

첫째는, 진리를 깨닫게 하는 성령의 음성이다. '이제는 절대로 미워하지 말자'고 다짐했는데 미운 사람을 보면 또다시 미움이 생겨난다. 이때 성령은 하나님 말씀으로 깨달음을 주신다.

"하나님을 사랑하노라 하고 그 형제를 미워하면 이는 거짓말하는 자니 보는바 그 형제를 사랑치 아니하는 자가 보지 못하는바 하나님을 사랑할 수가 없느니라"(요일 4:20)

이러한 음성을 듣고 마음을 다스려 사랑하려고 애쓰며 기도하면 어느새 미움이 사랑으로 변한다.

둘째는, 불안케 하여 하나님 뜻을 알려 주는 성령의 음성이다. 대화하다가 본의 아니게 거짓말했다면 성령께서 죄를 깨닫게 하시려고 불안케 하신다. 그런가 하면 진리 말씀에 위배되지 않았는데도 계속 불안케 하는 성령의 음성이 있다.

갑자기 기도하고 싶다거나, 집에 가고 싶다거나 하는 경우이다. 이는 위험을 막아 주거나 형통하게 인도하시기 위함이다. 버스를 기다리는데 자꾸 불안하여 타고 싶은 마음이 없다면 타지 말라는 성령의 음성인 것이다. 내가 집사 때 일이다.

직원회의가 있는 주일이어서 2부 예배에 참석하려는데 아침부터 마음이 불안했다. 1부 예배에 참석하고 누나 집에 가야겠다는 마음이 들었다. 성령의 음성에 순종하여 누나 집에 가보니 오랫동안 병석에 누운 매형이 임종을 앞두고 있었다. 나는 계속 기도해 주고 찬송하며 구원의 확신을 심어 주었다. 하나님께서 한 영혼이라도 더 구원하시기 위해 나를 보낸 것이다.

셋째는, 말씀으로 주시는 성령의 음성이 있다. '~하라', '~하지 말라' 등의 음성으로 행하게 하시고, 권면과 위로의 말씀으로 평강을 주시기도 한다.

하나님 자녀들이 가장 많이 듣는 것은 바로 미세한 성령의 음성이다. 마음 깊은 곳에서 들리는 성령의 음성을 내 생각으로 무시하지 말고 잘 순종하면 성령의 음성을 정확히 듣고 신속하게 영의 사람으로 변화될 수 있다.

다음으로는 하나님과 주님께서 친히 주시는 음성이 있다. 성경을 보면 친히 음성으로 말씀하신 곳이 여러 군데 나오는데 이러한 음성을 듣는 것은 쉽지 않은 일이다.

"여호와께서 임하여 서서 전과 같이
사무엘아 사무엘아 부르시는지라…
여호와께서 사무엘에게 이르시되…"(삼상 3:10, 11)
"땅에 엎드러져 들으매 소리 있어 가라사대
사울아 사울아 네가 어찌하여 나를 핍박하느냐 하시거늘
대답하되 주여 뉘시오니이까
가라사대 나는 네가 핍박하는 예수라"(행 9:4, 5)

나는 네 차례 하나님 음성을 들었는데 물소리같이 맑고 우렁찬 목소리로서, 그때의 기쁨은 이루 말할 수 없었다. 내가 처음 하나님 음성을 들은 것은 앞서 설명한 대로 1975년, 수원 칠보산에서 부르짖어 기도할 때였다.

그리고 두 번째 들은 것은 1977년, 오산리 금식 기도원에서였다. 예배 시간에 설교자가 "하나님께서 사람에게 약 만드는 지혜를 주신 것이므로 병원에 가고 약을 먹는 것도 하나님의 뜻입니다." 하는 것이었다. 이 말씀을 들은 나는 고민이 되었다. 하나님께서는 능치 못할 일이 없으신데, 왜 병원이나 약을 의지하는 것이 하나님의 뜻인지 도무지 이해할 수 없었다.

예배가 끝나자 기도굴에 들어가서 "하나님, 약을 먹는 것이 하나님의 뜻입니까? 아닙니까?"라고 간절히 기도하였는데 음성을 들려 주셨다.

"역대하 16장을 보아라."

즉시 성경을 펼쳐 보니 아사 왕에 대한 기록이었다. 아사 왕이 즉위한 지 39년에 발에 중한 병이 들었으나 하나님을 의지하지 않고 의원들에게 의지하다 2년 후에 죽고 말았다.

아사 왕은 우상 섬기는 것을 철저하게 금하여 하나님을 기쁘시게 한 적이 있다. 하지만 병이 나자 세상을 의지하다 결국 치료받지 못하고 죽은 것이다. 하나님께서 얼마나 서운했으면 이런 내용까지 성경에 기록하게 하셨을까? 하나님께서는 세상을 의존하지 않고 전능하신 하나님을 의지할 수 있는 믿음을 원하신다는 것을 다시 한 번 확인할 수 있었다.

그 후 나는 하나님의 음성을 두 번 들었다. 1978년, 주의 종으로 부름 받을 때와 그것을 재차 확인할 때였다. 하나님의 음성은 사람의 목소리 같으나 폭포수처럼 우렁차고 맑게 울려 퍼진다. 한 번 들으면 그 기쁨이 말할 수 없이 커서 당시의 충만함과 감격이 몇 달간 지속되며 오랜 시간이 흘러도 생생하게 기억된다.

성경에는 천사를 통하여 하나님 뜻을 알려 주는 경우가 자주 나온다. 천사는 하나님께서 부리는 영으로서 그 음성이 매우 아름답다.

"천사가 대답하여 가로되 나는 하나님 앞에 섰는
가브리엘이라 이 좋은 소식을 전하여
네게 말하라고 보내심을 입었노라"(눅 1:19)
"천사가 여자들에게 일러 가로되
너희는 무서워 말라 십자가에 못 박히신 예수를
너희가 찾는 줄을 내가 아노라"(마 28:5)

이 외에도 하나님께서 주관하시는 사람을 통해 진리를 깨닫게 하거나 어떤 느낌을 주어 뜻을 이루시는 경우도 있다. 따라서 주의 종, 교구장, 지역장, 조장, 구역장 등 믿음의 식구를 통하여 말씀하시는 하나님 음성도 들을 줄 알아야 한다. 심지어 나귀의 입을 열어 발람 선지자에게 깨달음을 주신 경우도 있지 않은가(민 22:28~30).

예언을 통한 하나님 음성도 있다. 구약 성경에는 예수 그리스도의 탄생과 십자가 고난이 예언되었는데 그대로 이루어진 것을 볼 수 있다. 신약 성경에도 수많은 예언이 있는데 그대로 이루어지고 있으며, 예수 그리스도 재림과 같이 앞으로 이루어질 것도 있다.

예언은 하나님께서 알려 주시는 신비한 영감에 의해 앞으로 될 일을 미리 말하는 것이다. 그 외에도 경고, 종교적 교훈, 도덕적 권면, 정치적 또는 실제적 충고, 약속과 축복 및 심판, 하나님의 비밀 등 하나님 뜻을 앞서 알려 주신다.

그래서 아모스 3장 7, 8절에 "주 여호와께서는 자기의 비밀을 그 종 선지자들에게 보이지 아니하시고는 결코 행하심이 없으시리라 사자가 부르짖은즉 누가 두려워하지 아니하겠느냐 주 여호와께서 말씀하신즉 누가 예언하지 아니하겠느냐"고 했다.

성경을 보면 예언한 기록이 자주 나온다. 하나님께서는 성도들의 믿음을 굳건히 하기 위해 앞으로 될 일을 알려 주시기도 한다. 교회를 개척하고 몇 년 되지 않았을 때의 일이다.

한 주에 300~400만 원의 헌금이 나오는 무렵이었는데, 내가 재정을 위해 간절히 기도하니 하나님께서 다음 주에는 3,300만 원이 나오리라고 알려 주셨다. 성도들에게 선포하고 한 주간이 지나 계산해 보니 어김없이 3,300만 원이었다.

대언을 통해 들려 주시는 하나님 음성도 있다. 하나님과 교통하는 대언자를 통해 대신 말하게 하시는 것이다.

"여호와께서 권능으로 내게 임하시고

그 신으로 나를 데리고 가서 … 또 내게 이르시되
너는 이 모든 뼈에게 대언하여 이르기를
너희 마른 뼈들아 여호와의 말씀을 들을지어다…
이에 내가 명을 좇아 대언하니 대언할 때에…"(겔 37:1~28)

이와 같이 하나님 말씀을 대언할 사람이 있다면 얼마나 좋겠는가. 많은 계시를 받을 수 있으니 참 좋은 일이다. 예수 그리스도를 영접한 사람은 성령을 받는다. 이렇게 믿는 사람에게 성령께서 영감으로 알려 주시는 것이 바로 계시이다.

로마서 8장 14절에 "무릇 하나님의 영으로 인도함을 받는 그들은 곧 하나님의 아들이라" 하셨으니, 믿는 사람은 당연히 하나님과 영적으로 교통할 수 있는 것이다.

요한계시록은 예수 그리스도의 계시로서 반드시 속히 될 일을 그 종들에게 보이시려고 천사를 사도 요한에게 보내어 기록하게 하셨다(계 1:1). 예수님께서 "계시를 받는 자 외에는 아버지를 아는 자가 없느니라"(마 11:27) 말씀하신 대로 우리의 아버지 되시는 하나님을 알려면 계시를 받아야 한다.

사도 바울은 "무익하나마 내가 부득불 자랑하노니 주의 환상과 계시를 말하리라"(고후 12:1)고 하였다. 사도 바울과 같이 하나님으로부터 계시를 받는다면 하나님을 밝히 알 수 있으며, 앞으로 일어날 일도 알 수 있다.

1983년 5월부터는 성경 말씀 중 난해 구절을 계시받았다. 무수한 금식과 기도로 점철된 칠 년 연단을 통하여 얻은 보화였다. 아무리 난해한 성경 구절도 쉽게 풀이해 주셨고 온전한 뜻을 알려 주셨다.

그 밖에 천지 만물이나 성경 말씀, 꿈이나 환상을 통하여 하나님 음성을 들을 수 있다. 하나님께서는 베드로에게 환상을 보여 주셔서 앞으로 될 일을 알려 주셨다(행 10장).

스데반 집사는 하나님 영광과 주님께서 하나님 우편에 서신 것을 보았다(행 7:54~56). 이처럼 하나님 능력으로는 못할 일이 없고 구약 시대나 신약 시대나 오늘날에나 변함없이 동일하게 역사가 나타난다.

그러므로 하나님을 믿는 사람들이라면 아버지 되시는 하나님과 영적 대화를 통하여 그 음성을 들을 수 있어야 한다. 그래야 하나님의 뜻과 마음을 깨달아 그대로 살아가며 참된 축복을 누릴 수 있다.

주관자

내가 할 수 없어도 하나님께서는 하시며,
무엇이든 이루실 줄 믿기에
그분 뜻이라면
무조건 순종하였다.

교회 개척 후 하나님께서는 국내 곳곳을 다니면서 부흥성회를 인도하게 하셨다. 그런데 부흥성회를 다니면서 놀라운 사실을 발견했다.

예수님께서 왜 십자가에 못 박히셨는지, 왜 예수 그리스도를 믿어야만 구원받으며 죄 사함 받는지 등 십자가 비밀을 제대로 알고 믿는 사람이 별로 없다는 점이다. 그뿐 아니라 살아 역사하시는 하나님을 온전히 믿지 못하므로 산 자의 하나님이 아니라 죽은 자의 하나님이 되어 가는 것이다.

나는 부흥성회에 가면 한 영혼이라도 더 구원하기 위해 심혈을 기울였다. 월요일부터 예수 그리스도와 하나님, 참 믿음과 영생, 구원, 기적, 부활, 재림, 천국에 대해 증거하면 원수 마귀 사단의 방해가 극심했다. 그러나 결국 승리하여 수요일쯤 되면 성도는 물론 많은 주의 종까지 회개하는 것을 보았다.

1983년 2월에 고향 전남 무안군 해제면 소재 성산제일교회에서 부흥성회를 인도하였다. 막상 집회를 개최한 교회의 성도들은 참석하지 않고 주변 마을 사람들로 가득 찼다. 담임 목사님에게 경위를 들어 보니 교회 안에 딱한 사정이 있었다. 건너 마을 어느 교회에서 성도들을 물질로 유혹하여 대다수가 그 교회로 옮기려는 상황이었다.

그래서 흔들리는 성도들의 마음을 잡기 위해 담임 목사님이 나를 초청하여 부흥성회를 연 것이었다. 하지만 그 교회 성도들은 집회에 협조는 물론 참석조차 하지 않았다. 그들이 부흥성회를 외면한 표면상 이유는 교계의 유명 목사님이 아닌 일개 전도사를 초청했다는 데 있었다.

권능의 하나님께서는 첫 시간부터 크게 기적을 베푸셨다. 10년 이상 걷지 못하고 뼈마디가 쑤시는 통증으로 제대로 잠들지 못하던 여인이 기도받은 뒤 일어나 걷고 뛰었다. 삽시간에 그 소문이 퍼졌고, 다음 날에는 70리나 떨어진 교회에서도 목사님과 성도들이 참석하였다. 곳곳에서 참석한 성도들이 성전을 가득 메웠다.

그제야 그 교회 성도들은 잘못 판단했음을 깨닫고 담임 목사님에게 나와 회개한 뒤 남은 기간 동안 열심히 집회에 참석했다. 집회 마지막 날에는 허리가 90도로 굽어 지팡이에 의지하여 땅만 보고 다니던 할머니가 허리를 꼿꼿하게 쭉 폈다. 이분은 추운 날씨에도 매일 새벽, 낮, 저녁 집회에 빠짐없이 참석하며 따끈한 식혜를 가져와 강사인 나를 섬겼는데, 그 정성을 보신 하나님께서 치료해 주신 것이다.

이처럼 많은 사람이 치료받고 하나님께 영광 돌렸다. 하나님께서는 열심히 집회에 참석한 성도들을 위해 다가오는 봄에 고추를 심으면 풍작이 될 것이라고 알려 주셨다. 지난해에 고추 농사가 아주 흉작이어서 아무도 고추 심을 생각을 하지 않을 때였다. 하지만 많은 사람이 하나님 말씀에 순종하여 고추를 심었다. 과연 대풍이었고, 이 일이 성도들에게 큰 믿음을 심어 주었음은 물론이다.

이 밖에도 부흥성회를 인도하는 곳마다 놀라운 역사가 나타났다. 그런데도 하나님께서는 1983년 5월부터 부흥성회를 멈추게 하셨다. 말씀을 계시받아 온전한 하나님 뜻을 전 세계에 전파하도록 하시기 위함이었다. 예수님을 구세주로 믿지 않는 유대인까지 통회자복하고 돌이키는 역사가 있을 것을 알려 주셨다. 나는 할 수 없어도 하나님께서는 하시며, 무엇이든 이루실 줄 믿기에 그분 뜻이라면 무조건 순종하였다.

나는 부흥성회를 멈추고 계시받기 위해 준비했다. 주일예배를 마치면 기도원으로 떠났다. 월요일부터 목요일까지 말씀 보고 기도하며 계시받기 위해서였다. 요한이 세상과 떨어진 외딴 밧모 섬에서 오직 하나님과 교통하며 계시받은 것처럼 세상일은 물론, 교회 돌아가는 일이나 양 떼 문제까지도 잊고 오직 하나님과 교통해야 계시받을 수 있기 때문이다.

금요일이 되면 돌아와 철야예배에 설교하고, 토요일에는 주일 대예배와 저녁예배 설교를 위한 기도, 그리고 심방, 상담하는 생활이 계속되었다. 그동안 나는 성경을 수없이 정독했지만 하나님께서는 다시 세 번 통독하게 하셨다.

그런 뒤 성경에서 이해하기 어려운 부분과 과학자나 지식인들이 반론을 제기하는 모든 문제를 포함하여 창세기부터 요한계시록까지 크고 비밀스런 일을 알려 주셨다. 또다시 세 번 통독하게 하신 후 난해 구절과 믿지 않는 사람까지 굴복할 수밖에 없는 하나님의 깊은 뜻을 알려 주셨다.

그리고 또 세 번 통독을 시키셨다. 이제는 성경 각 권을 강해식으로 풀어 주시면서 우주 만물과 인류 역사를 주관하시는 하나님을 밝히 알려 주셨다. 할렐루야!

이러한 계시를 받기 위해서는 말씀 무장과 더불어 불같은 기도가 필요했다. 계시를 받기까지 원수 마귀 사단의 방해가 극심하기 때문이다. 정말 피눈물 나는 싸움이었다.

예수님께서 겟세마네 동산에서 땀방울이 핏방울같이 되도록 기도하신 것을 생각하며 기도했다. 엘리야가 불의 응답과 큰 비를 내리게 하기 위해 간절히 기도한 것처럼 기도했다.

새벽 기도를 마치고 아침 식사 후 계시받기 위해 오전 내내 기도했다. 점심 식사 후 잠깐 휴식한 다음 말씀을 보며 다시 기도에 들어갔다. 이때 조금이라도 하나님께 합하지 못한 것이 있으면 영계를 뚫지 못하므로 계시를 받을 수 없다.

원수 마귀 사단의 시험을 다 이기고 악은 모양이라도 벗어 하나님을 기쁘게 했을 때라야만 가능하기 때문이다. 나는 계시를 통해 다시 한 번 주관자 하나님의 놀라운 능력을 체험하였다. 하나님 사랑을 깊이 깨달아 무한 감사와 영광을 돌렸다.

그렇다면 하나님께서는 무엇을 주관하시는 것일까?

첫째로, 우주 만물을 주관하신다. 하나님께서는 천지 만물을 창조하고 사람이 살아갈 수 있는 아름다운 환경을 위하여 우주 만물을 주관하신다.

지구는 23.5도 기울어진 상태에서 자전하며 태양의 주위를 공전하도록 하여 낮과 밤, 사시사철이 있다. 또한 달이 지구 주위를 공전하도록 하여 밀물과 썰물의 교차가 생기고 바람과 구름이 이동한다. 이로써 지구에 생명체가 살 수 있는 빛과 온도, 습도 등을 적절히 제공한다.

하나님께서는 이 모든 것이 태양계 안에서 정확하고 질서 있게 운행되도록 주관하신다. 또 천사들을 통해 햇빛과 비를 조절하고 천기를 움직여 모든 생물이 살 수 있는 자연 환경을 조성하신다.

이에 시편 74편 16, 17절에 "낮도 주의 것이요 밤도 주의 것이라 주께서 빛과 해를 예비하셨으며 땅의 경계를 정하시며 여름과 겨울을 이루셨나이다" 하며 주관자 하나님을 찬양한다.

둘째로, 인류 역사를 주관하신다. 성경을 보면 역사적인 사실이 수없이 기록되어 있어 하나님께서 인류 역사를 주관하심을 믿을 수 있다. 구약 성경에는 인류의 기원, 국가의 형성, 이스라엘 역사와 각국의 흥망성쇠, 1, 2, 3차 세계 대전에 대해 기록되어 있다. 또한 신약 성경에는 헬라 문명과 로마 시대의 역사, 인류의 종말에 대해서도 기록되어 있다.

예수님께서는 세상 끝의 징조에 대해 "난리와 난리 소문을 듣겠으나 너희는 삼가 두려워 말라 이런 일이 있어야 하되 끝은 아직 아니니라 민족이 민족을, 나라가 나라를 대적하여 일어나겠고 처처에 기근과 지진이 있으리니 이 모든 것이 재난의 시작이니라"(마 24:6~8)고 말씀하셨는데 그대로 이루어지고 있다.

셋째로, 인간의 생사화복을 주관하신다. 자신의 의지로 목숨을 끊을 수 있지만 사람의 죽고 사는 것은 오직 하나님께 달려 있다. 아무리 살고자 해도 죽을 때가 된 사람은 죽는다. 또 아무리 죽고자 해도 하나님 뜻이 아니면 죽지 않는다.

열왕기하 20장 1~11절을 보면, 유다의 히스기야 왕이 중한 병으로 죽게 되었으나 사람을 의지하지 않고 간절한 기도로 하나님을 의지하여 삼 일 만에 깨끗이 치료받은 내용이 있다. 이렇게 죽을 때가 되었지만 수명 연장을 허락하시며 사람의 생사를 주관하시는 분은 오직 하나님 한 분뿐이다.

그렇다고 해서 하나님께서 독단적으로 누구는 몇 살까지 살고, 누구는 몇 살에 죽도록 결정해 놓으신 것은 아니다. 얼마나 하나님 말씀에 의지하여 살았느냐에 따라 생사가 결정된다.

하나님께서는 행한 대로 갚아 주시고 심은 대로 거두게 하시는 분이다. 부지런히 일하는 사람에게는 부요함을 주시고 게으른 사람에게는 주시지 않는다. 따라서 의인이라도 일하지 않으면 가난한 것이요, 악인은 아무리 부귀영화를 누리는 것처럼 보여도 불행이 따르고 결국 패망하고 마는 것이다.

또한 의인은 오직 믿음으로 살기 때문에 구원받아 천국에서 영생을 누리나 악인은 죄의 삯으로 영원한 사망의 세계인 지옥에 갈 수밖에 없다. 이처럼 하나님께서는 의인과 악인에게 같은 햇빛과 공기와 비를 주시지만 사랑과 공의 가운데 생사화복을 주관하신다.

넷째로, 하나님을 믿는 의인은 형통함을 받도록 주관하신다. 하나님께서는 영계 법칙에 따라 질서 가운데 공의롭게 다스리시는 분이다. 그래서 우리가 모든 형편을 아시는 하나님께 기도로 간구할 때 형통하게 주관받는 것이다.

하나님께서는 우리의 기도를 통해 원수 마귀를 물리치고 보호해 주신다. 그러나 믿지 않는 사람들은 원수 마귀가 방해하면 당할 수밖에 없고 천사의 보호를 받지 못하는 것은 당연하다. 뿐만 아니라 하나님을 믿는 사람은 성령의 인도를 받는다. 성령께서는 우리 앞일을 모두 아시므로 우리가 성령의 음성에 순종하면, 위험하고 잘못된 길을 피해 가며 합당한 길로 형통하게 인도받는다.

나는 주관자이신 하나님을 만나 무수한 복을 받았다. 그분의 주관에 따라 죽은 영혼을 살리는 주의 종으로서 하나님 말씀을 전하는 사람이 되었다. 일점일획도 변함없는 온전한 말씀을 전할 수 있도록 음성을 들려 주시는 주관자 하나님께 무한 감사를 드린다.

계시
내용

"내 마음을 알고
내 소원대로
계시받는 사람에게는
이와 같이 일러 주는 것이니라"

하나님을 영접하고 삼 년간 연단받으며 모든 죄악을 버리고 오직 진리 말씀 안에 살게 되었다. 이때부터 나에게 영 분별의 은사가 주어졌다. 하나님 말씀을 들을 때 문자적 풀이라든가, 인간적 생각으로 풀는 말씀은 마음에 부딪혔다.

이 때문에 주의 종으로 부름 받고 신학교에 입학했을 때 교수님에게 질문이 많았다. 그러나 그것으로 해결이 되지 않음을 깨닫고 2학기 때부터는 오직 하나님께서 말씀을 친히 풀어 달라고 간구했다. 불같은 기도 끝에 대언을 통하여 계시받고 보니 말씀의 영적인 의미를 깨달아 짝을 맞추었고, 성경의 모든 난해 구절이 쉽게 이해되었다.

이때의 기쁨은 온 천하와도 바꿀 수 없었다. 내 안에서 성령이 기뻐 뛰니 계시받기 위한 모든 수고와 고통이 단번에 사라졌다. "너는 내게 부르짖으라 내가 네게 응답하겠고 네가 알지 못하는 크고 비밀한 일을 네게 보이리라"(렘 33:3)는 약속의 말씀대로 응답하신 하나님께 감사와 영광을 돌린다.

누구나 한 번쯤 혼인 잔치에 가 보았을 것이다. 혼인은 거룩하고 신성한 예식이고 기쁜 일이지만 예식이 끝난 뒤에는 대부분 먹고 마시며 취하는 자리로 바뀐다.

우리는 혼인 잔치에서 물을 포도주로 만드신 예수님의 첫 번째 표적을 어떻게 알고 있는가? 복음을 증거하고 영혼들을 구원하기 위해 이 땅에 오신 예수님께서 왜 세상 사람의 혼인 잔치에 가서 물로 포도주를 만드셨을까? 또 공생애를 시작하고 처음 나타내는 표적인데 왜 그런 일을 베푸셨을까?

어느 날, 혼인 잔치의 비유(요 2:1~11)를 자세히 알려 달라고 간절히 기도하던 중 하나님께서는 대언자를 통해 다음과 같이 풀어 주셨다.

대언은 하나님께서 대언자의 입술을 통해 하나님 뜻을 알려 주시는 것이다. 그러므로 말씀하는 이는 주님이시고 성령이 감동하여 대언자 입술을 빌린 것뿐이니 오해 없기를 원한다. 대언 내용 중 '나'는 예수 그리스도를 지칭한다.

"사랑하는 종아! 가나 혼인 잔치에서의 포도주 기적은 하나님으로부터 능력 받아 처음 베푼 것인데 왜 베풀었겠느냐. 마지막 때에는 먹고 마시며 장가들고 시집간다 하였음이로다(마 24:37, 38). 노아 때에 홍수가 어찌 된 것이겠느냐. 인간이 혼인하고 방탕하고 술 취함을 봤기 때문에 말씀을 뜻하는 물로써 심판한 것이 아니겠느냐.

그러므로 가나 혼인 잔치가 무엇이겠느냐. 갈릴리 가나는 세상이요, 혼인 잔치는 장가들고 시집가고 하는 것이요, 그곳에 있는 포도주는 술이라. 그러니 취하는 사람이 있을 것이요, 취하면 방탕할 것이며 방탕하면 싸움이 일고 이 세상 모든 것이 다 섞여 있는 것이 아니겠느냐.

성경에 이르기를 가나 혼인 잔치에 청함을 받았다 하였음이로다. 원수 마귀가 예수 그리스도를 끝 날에 어찌하였겠느냐. 그를 십자가에 못 박아 모든 것이 이루어지지 않았느냐. 그러므로 세상 혼인 잔치에 청하였다는 것은 원수 마귀가 십자가에 못 박으려고 청한 것이 아니겠느냐(마 26:50).

그러므로 내가 그 말씀을 기록하게 한 것은 혼인 잔치의 기적을 베푼 것만이 아니라 이와 같은 뜻을 나타내고자 한 것인 줄 너희가 알지어다. 이러한 마음으로 하나님 아버지의 마음을 나타낸 것이로다. 그러므로 사람이 잠깐 그 말씀을 볼 때에는 한 가지 기적으로만 볼 수밖에 없는 것이 아니겠느냐.

그런데 내 마음을 알고 내 소원대로 계시받는 사람에게는 이와 같이 일러 주는 것이니라(마 11:27). 진실로 진실로 네게 이르노니 너희에게 나가는 포도주가 너희에게 영생을 주는 예수 그리스도의 피로써 원수 마귀에게 나타낸 것이 아니겠느냐.

세상의 포도주는 술이지만 내가 만들어 준 포도주의 붉은색은 피를 상징하는 것이요, 내가 주는 포도주는 영생케 하는 피가 아니겠느냐. 진실로 네게 이르노니 원수 마귀가 나를 청했을 때에 내가 흘린 피로 영생을 주려 한 것을 그들에게 나타낸 것이로다.

사랑하는 종아! 세상이 청하므로 나는 십자가에 못 박혀 주었고, 세상이 준 술은 너희를 방탕하게 하였으나 내가 너희에게 준 포도주는 너희를 영생케 할 피가 됨을 나타낸 것이로다. 그것을 아는 것은 오로지 아버지와 나밖에 없지 않느냐. 밝히 깨닫는 데 부족됨이 없을지라.

사랑하는 종아! 내가 이 세상에 온 시간은 믿음의 세계로부터 진행된 것인 줄 네가 알지어다. 그러나 내가 그냥 너희 인간에게 보이지 않는 것을 믿으라 한 것이 아니니라. 반드시 계시를 주고 알려 준 곳에 믿음을 갖게 하였고 그런 사람에게는 아버지께서 더욱 더 믿음이 넘치게 하셨음이로다.

그러므로 내가 요셉에게 '마리아 데려오기를 무서워 말라'

하였고 요셉이 믿어 그대로 하지 않았느냐. 또한 마리아에게도 '네가 잉태하여 아들을 낳으리니' 하였고 마리아가 이를 믿었기에 성령으로 잉태되었지, 믿지 못한다면 어찌 성령으로 잉태될 수 있겠느냐. 내가 이 땅에 올 때부터 모든 진행 과정이 믿음으로 시작되었을진대 하물며 기적을 베푸는 곳에 믿음 없이는 베풀지 않음이로다.

내 사랑하는 종아! 어느 곳에든지 아버지 영광이 아니고 아버지의 특별한 일이 아니라면 믿음이 없으면 되지 않음이로다. 공의로운 아버지 하나님이시므로 원수 마귀의 송사를 받지 않고 모든 것이 공의롭게 시작됨을 너희가 알지어다.

그러므로 내 육신의 어머니가 믿음으로 원하므로 이와 같이 기적을 베풀 수 있었음을 믿을지니라. 믿음 없는 곳에는 내가 기적을 베풀지 않음을 네가 또한 알지어다. 내가 다비다를 일으킨 것은 하나님께서 은혜가 되면 마음대로 기적을 보일 수 있음을 나타낸 것이 아니겠느냐.

진실로 진실로 네게 이르노니 내가 기적을 베풀 때에 한 마을에 가면 크게 베풀고 또 한 마을에 가면 또 하나를 베풀어 모든 곳에 퍼지지 않았느냐.

사랑하는 종아! 깨달을지니라. 한 곳에서 몇 가지씩 큰 기적을 베풀지 않으니 이 많은 것을 지금 이 시간에 이르는 말을 듣고 깨닫는 데 부족함이 없을지어다."

요한복음 2장을 보면 공생애를 시작하신 지 사흘이 되던 날 예수님께서는 갈릴리 가나의 혼인 잔치에 초대받으셨다. 예수님 제자도, 동정녀 마리아도 함께 그곳에 갔다.

포도주가 모자랄 때 마리아는 포도주가 없다 하며 예수님께 기적 베풀기를 원했다. 예수님께서는 "여자여 나와 무슨 상관이 있나이까 내 때가 아직 이르지 못하였나이다" 말씀하셨다. 그럼에도 마리아는 기적을 베푸실 줄 믿고 하인들에게 예수님께서 무슨 말을 하든지 그대로 하라 지시하였다.

이처럼 마리아의 믿음이 있었기에 예수님께서 기적을 베푸실 수 있었다. 예수님께서 돌항아리 여섯에 물을 채우라 해서 아구까지 채우니 이제는 떠서 연회장에게 갖다 주라고 하셨다. 그랬더니 연회장은 물로 된 포도주를 맛보고 어디서 났는지 알지 못했다. 연회장이 신랑을 불러 사람마다 먼저 좋은 포도주를 내고 취한 후에 낮은 것을 내는데 지금까지 좋은 포도주를 두었다고 했다.

이어지는 요한복음 2장 11절에 "예수께서 이 처음 표적을 갈릴리 가나에서 행하여 그 영광을 나타내시매 제자들이 그를 믿으니라" 했다. 이 말씀은 우리 주님의 공생애 시작과 끝을 혼인 잔치에 비유하여 나타낸 것이다.

예수님께서 갈릴리 가나 혼인 잔치에 가신 것은 세상 사람들이 예수님을 십자가에 못 박기 바랐을 때 허락하고 결국 못 박혀 돌아가심을 뜻한다. 가나의 혼인 잔치는 마지막 때에 먹고 마시고 취하며 죄가 가득한 모습을 나타낸다. 물로 포도주를 만들어 주었다 함은 예수님께서 십자가에 못 박혀 흘리는 피가 영생케 하는 피가 됨을 뜻한다.

물로 된 포도주를 맛보고 좋은 포도주라 함은 예수님의 보혈로 죄 사함 받고 하늘나라 소망을 갖게 되어 기쁜 것을 의미한다. 예수님께서 처음 표적을 행하여 그 영광을 나타냈다 함은, 예수님께서 십자가에 못 박혀 돌아가신 후 삼 일 만에 부활하심으로 그 영광을 드러냈다는 것이다.

물로 포도주를 만든 처음 표적을 보고 제자들이 예수님을 믿었다 함은, 예수님께서 십자가에 돌아가시고 부활하신 뒤에야 제자들이 예수님을 완전히 믿고 생명 다해 부활과 십자가의 도를 증거한다는 의미다.

이렇게 놀라운 뜻이 담긴 예수님의 처음 표적을 단순히 결혼을 축하하기 위해 나타낸 것으로 안다면 얼마나 하나님 마음이 아프실까.

나는 이 사건이 예수님께서 공생애를 시작하시면서 그분이 펼치는 구속 사업의 전모를 밝히시는 놀라운 표적이라는 것을 알고 얼마나 기뻤는지 모른다. 돌항아리 여섯에는 6천 년 인간 경작의 역사의 의미가 담겨 있지만 여기서 설명을 줄인다.

하나님께서는 요한복음 19장 23, 24절에 나오는 선민 이스라엘에 대하여서도 대언을 통해 많은 것을 깨우쳐 주셨다.

"사랑하는 종아! 이스라엘 백성 위에, 그리고 다윗의 뿌리로 태어난 나니라. 진실로 진실로 네게 이르노니 이스라엘 전체를 칭한 것이 내 몸이고, 내 몸을 찌른 것은 이스라엘 전체를 상하게 한 것이니라.

이스라엘 민족이 자기 나라 왕을 상하게 하였으므로 그 나라가 상할 것을 예비함이니 그 창이 나를 찌른 것같이 이스라엘을 찌를 것이고, 그로 인해 내 겉옷을 나눈 것같이 온 백성이 흩어지고, 내 속옷을 제비뽑은 것같이 나라가 빼앗길 것을 예고한 것이니라.

내 사랑하는 종아! 너희가 항상 마음이 하나 되고 기뻐하며 악이 조금도 없는 상태에서는 아버지께서 모든 역사를 할 수 있으나 이 같은 귀한 말을 뉘라서 알 수 있으리오.

내가 이 말을 풀게 함은 이제 이스라엘 민족에게 들어갈 말이니 너희가 이 말을 들어서 선포하고, 너희가 들려 오른 뒤 그들에게 들어가 심금을 울릴 것이며, 그들이 통회자복 하는 놀라운 역사가 벌어질 것이니라. 이러한 말은 원수 마귀가 틈타기 때문에 악이 있을 때에는 결단코 이를 수 없으므로 내가 알리지 못하였음을 알지어다.

사랑하는 종아! 그들이 나를 상하게 하면서 뭐라 하였느냐. '당신의 피를 우리와 우리 자손에게 돌리우소서' 하였느니라. 그들로 말미암아 하나님 아버지께서 그대로 응하게 하셨음을 알라.

내 사랑하는 종아! 이 속옷은 호지 아니하고 위에서부터 통으로 짠 것이라 왜 기록했겠느냐. 야곱이 이스라엘이라는 새 이름을 받고 그로부터 쭉 내려와서 이스라엘 민족을 이루었음이로다. 만약 속옷이 찢겼다면 이스라엘이 다시 설 수 있겠느냐. 그러므로 찢어지지 않는 것이 당연하고 다시 뭉쳐질 것을 예시함이로다.

내 사랑하는 종아! 겉옷이 네 깃으로 찢어져 민족이 흩어지고 나라가 없어진 것 같으나 속옷이 남아 있으니 그들 마음까지 찢을 수 없었다는 것이로다. 이 말씀을 듣는 사람마다 어찌 놀라지 않으며 어찌 귀히 여기지 않겠느냐. 어찌 귀한 말씀이 아니겠느냐."

여기서 예수님의 겉옷은 이스라엘을 지칭한다. 로마 병사들이 옷을 네 깃으로 나누어 옷의 형체가 없어지고 말았으니 이는 바로 이스라엘이 멸망해 나라를 빼앗기고 동서남북으로 흩어질 것을 예시한 말씀이다.

속옷도 취하니 이 속옷은 호지 아니하고 통으로 짠 것이요 이것을 찢지 않고 제비뽑았다 함은 야곱부터 내려온 이스라엘의 민족정신, 즉 하나님을 섬기는 마음만은 이방인이 결코 찢을 수 없음을 의미한다. 그래서 다시 뭉침을 예시하며, 이 말씀대로 이스라엘은 1948년 5월 14일에 독립했다(겔 38장 참조).

서기 70년에 타이터스 장군에 의해 예루살렘이 돌 위에 돌하나 남지 않고 완전히 훼파된 이래 거의 2천 년이라는 세월 동안 없었던 나라가 다시 일어난 것은 기적 중의 기적이다. 하나님 역사가 아니면 결코 있을 수 없는 일이다.

— 6부 —

소중한 삶

나는 주님께서 공중 강림하실 때를
상상만 해도 기쁘다.
이 땅의 모든 짐을 내려놓고
영원한 신랑이신 주님을 맞이하니
얼마나 가슴 벅차고 멋질까?

세계 선교를 다 이루고
알곡으로 변화한
무수한 영혼들과 함께
들림받을 그때가 다가오니
얼마나 기쁜가!

회 상

이 모든 것이 오직
하나님의 인도로 이루어졌다.
이 은혜를 생각할 때마다
뜨거운 감사의 눈물이 흐른다.

 아버지 하나님께서는 나의 삶을 온전히 주관하시고 그 뜻대로 인도하셨다. 기적의 연속이요, 연단의 연속이기에 더욱 소중한 삶이다. 어찌하여 하나님께서는 내성적이고 미천하며 보잘것없는 사람을 마지막 때에 무수한 영혼을 구원하는 사명자로 부르시고 친히 인도하시는 것일까?

 하나님께서는 다윗의 중심을 보고 왕으로 세우셨다. 그렇듯이 나의 외모를 보시지 않고 오직 선하고 의롭게 살려는 마음과 변치 않는 중심을 보고 세계 선교의 사명을 주심에 감사하지 않을 수 없다. 이제 와 생각하니 친히 연단하시는 과정이 없었다면 내가 어찌 귀하고 귀한 하나님 종이 될 수 있었으랴!

사랑의 하나님께서는 나에게 값진 연단을 허락하여 악은 모양이라도 버리도록 인도하셨다. 초신자 때부터 말씀대로 살기 위해 무던히도 죄와 싸우게 하신 하나님께서는 집사가 되었을 때에 모든 계명을 지킬 수 있는 능력을 주셨다.

예를 들면, '여자를 보고 음욕을 품는 자마다 마음에 이미 간음하였느니라'(마 5:28) 하셨다. 그래서 나는 마음속에 있는 간음의 근본 뿌리까지 빼내기 위해 금식하며 기도하여 삼 년 만에 응답받을 수 있었다.

신학교 과정, 교회 개척 과정을 통해 생각으로 오는 것을 차단하고 오직 성령의 역사로 행하게 하셨다. 나의 생각과 뜻은 없고 오직 주님 마음을 품는 사람이 되게 하셨다. 교회 개척을 앞두고도 심심찮게 나를 향한 비난의 소리가 들려왔다.

하나님의 신령한 은사를 체험하지 못한 이들 편에서는 하나님과 교통하는 사실 자체가 이해하기 어려울 것이다. 그래서 이단이라고 핍박받으며 온갖 시험이 닥칠 때에도 그들을 끝까지 용서하며 사랑으로 기도했다.

이러한 상황에도 감사할 수 있음은 연단의 결과였다. 그러기에 하나님께서는 개척의 축복과 교회에 급속한 부흥을 주시며 많은 영혼을 구원하게 하시지 않았는가!

교회를 개척한 뒤에도 나의 연단은 하나님 주관 아래 계속되었다. 하나님께서는 모든 사람과 화목하도록 연단하셨다.

많은 주의 종을 세우는 제단이자, 무수한 양 떼가 와서 쉼을 얻는 제단으로 이끌어 나가야 하기 때문이다. 또한 원수 마귀의 어떤 송사도 받지 않고 오직 하나님 축복만을 받게 하시기 위한 사랑의 배려였다.

약간의 언쟁이나 시기, 질투가 있어도 축복이 막히고 계시를 받아 내릴 수 없었다. 하나님께서 나를 목자로 세웠으나 예수님처럼 제자들 발을 씻기는 사람이 되어야 했다. 한 영혼이라도 잃지 않고 잘 인도해야 할 사명이 있는 것이다.

하나님 일이라면 어떤 모욕과 수치를 당하더라도 예수님처럼 기쁘게 십자가를 졌다. 나에게는 눈물이 마를 날이 없었다. 양 떼를 위해, 또 계시받기 위해, 그리고 교회를 위해 때로는 애통하며 늘 간절한 사랑의 기도가 있어야 하기 때문이다.

어느 날, 하나님께서 귀하고 놀라운 선물을 주셨다. 어느 누구도 줄 수 없는 사랑이자 위로였다. '내 사랑하는 종아'라는 노래가 그것이다.

> 나의 보혈로 너의 모든 죄 씻었네
> 이제 내가 너를 통하여
> 죽은 영혼들을 능력으로 살렸네
> 내가 너와 함께하리라
> 나의 몸과 나의 피로 언약을 세웠네
> 내 종아 나를 믿으라

네가 어디든지 담대히 갈지니라
내가 네 생명의 능력이라
내가 너의 참다운 생명의 능력이라
나를 붙잡고 승리하라

나의 사랑하는 종아 갈지라 갈지니라
내가 너와 함께하리라
아버지여 저들을 받으시옵소서
나의 사랑하는 종을
아버지가 나를 믿고 또한 보내셨으니
나 또한 너를 믿으리라

네가 내 능력이며 또한 내 사랑이라
나의 사랑하는 내 종아
내 영광의 빛으로 후일 나 맞이할 때
내가 너를 맞아 반기리라

1986년 5월, 교회를 개척한 지 사 년 만에 목사 안수를 받았다. 모든 성도가 그토록 기뻐하는 모습을 보니 눈시울이 뜨거웠다. 한 달 뒤, 위임 예배를 드렸다. 그날 성도들이 신뢰와 사랑 속에 금열쇠를 내게 전달했다. 목자로서 섬기며 믿고 순종하겠다는 의지의 표현이기에 무척 감격스러웠다.

목사 안수를 받은 후 하나님께서는 21일간 다니엘 기도를 시키셨다. 삼 주 동안 성도들을 떠나 금식과 기도로 하나님과 교통하며 요한계시록을 풀이받고 목사로서 첫 출발을 시작하도록 하신 것이다. 오랫동안 보지 못한 성도들이 무척 보고 싶었다. 모든 성도가 얼마나 귀하고 귀한지 다시 한 번 깨닫게 하셨다.

개척 때부터 어떻게 성도들을 불러 주셨던가! 각양각색의 사람이 살아 계신 하나님을 체험하도록 역사하셨다. 중풍병자가 일어나 걷고, 교통사고로 걸을 수 없는 사람이 그 자리에서 일어나 걷고 뛰었다.

이후에도 무수한 하나님 역사가 나타나도록 축복하셨다. 자연히 성도들은 믿음이 쑥쑥 자랐다. 사도 바울이 고린도 교회에 보내는 편지에 "복음으로써 내가 너희를 낳았음이라"(고전 4:15)고 고백한 것처럼 나에게도 매우 귀한 성도들이다.

처음에는 믿음에 대한 설교를 통하여 하나님께서 함께하시면 무엇이든 할 수 있다는 자신감과 믿음을 성도들에게 심어 주셨다. 소망에 대한 설교를 통하여 구원의 확신과 부활을 믿으며 하늘나라에 소망을 갖게 하셨다. 모든 성도가 죄와 싸워 버리며 하늘나라에 시민권을 가진 하나님 자녀로 소망 가운데 세상에서 승리하도록 이끄셨다.

사랑에 관한 설교를 통하여 예수 그리스도의 마음을 품고 성결의 열매를 맺는 복 있는 사람이 되게 하셨다. 이제는 하나님 나라를 위해 죽도록 충성하며 많은 상급을 쌓을 수 있도록 인도하시니 얼마나 큰 축복인가.

나는 성도 한 사람 한 사람을 떠올려 보았다. 장로, 권사, 집사, 권찰, 장년부터 청년, 학생, 어린아이에 이르기까지 모두가 살아 계신 하나님을 믿고 열심히 신앙생활 하니 얼마나 귀하고 소중한가.

성령과 은혜가 충만하고 사랑으로 하나 된 우리 교회는 빌라델비아 교회처럼 하나님의 칭찬받는 교회가 될 것이다. 오직 하나님 말씀대로 살고자 죄와 피 흘리기까지 싸워 버리는 성도들은 목자가 어떠한 책망을 하여도 감사하며 믿고 순종한다.

모든 것이 오직 하나님의 인도로 이루어졌다. 이 은혜를 생각할 때마다 뜨거운 감사의 눈물이 흐른다. 나는 때때로 지난 세월을 떠올리며 깊은 감회에 젖곤 한다.

어제

믿음과 사랑,
기도와 헌신으로 이룬
아름답고
귀한 열매이다.

 내가 이 땅에 태어나 예수님을 만나기까지 모든 삶이 하나님의 주관 아래 있었으니 어찌 소중하지 않으랴. 하나님을 알지 못하고 인정하지도 않았기에 어디서 와서 어디로 가며 왜 살아야 하는지 삶의 목적도 없이 스스로 왕 노릇 하던 시절….

 이러한 과거가 있기에 현재의 삶이 더욱 소중하다. 비참하리만큼 병들고 가난했던 지난날 역시 소중한 삶이 아닐 수 없다. 병원비가 엄두가 나지 않아 마음 놓고 병원에 다니지 못하고 앓아야 했던 나날, 일수 돈과 달러 돈에 생명을 맡긴 지난날이 있기에 가난한 이들을 긍휼히 여기며 구제하기를 힘쓰게 되었다.

 또한 오랜 세월 병고에 시달려 보았기 때문에 병든 사람의 고통과 마음을 헤아릴 수 있었다. 그 아픔을 알기에 병들고 소외된 사람들의 외로움과 고통을 감싸고 사랑으로 치유하는 목회자가 될 수 있었다.

나는 삶의 목표 없이 흐르는 세월에 자신을 맡길 수밖에 없는 과거가 있었기 때문에 변함없이 길과 진리, 생명과 능력 되시는 주님만을 신뢰하며 따라가게 되었다. 게다가 나의 생각에 따른 계획에 철저히 실패한 경험이 있기에 전적으로 하나님께 맡기는 삶으로 변화하였다.

하나님을 모르던 지난날 나의 삶은 오직 이 땅에서 잘살기 위한 몸부림이었다. 눈물, 슬픔, 질병, 고통, 불행이 전부였다. 그러나 이러한 삶이 있었기에 살아 계신 하나님을 만났으며, 크신 사랑을 깨달았으니 어찌 소중하지 않겠는가.

미련하고 고집스런 나에게 하나님께서는 누님을 통해 찾아오셨다. 누님의 권유에 못 이겨 처음 하나님께 갔을 때에 나를 천대하지 않으시고 반기며 많은 선물을 주셨다.

내가 죄를 깨닫고 회개하니 "죄인 하나가 회개하면 하늘에서는 회개할 것 없는 의인 아흔아홉을 인하여 기뻐하는 것보다 더하리라"(눅 15:7)는 말씀대로 하나님께서는 기뻐하시며 평안과 생명을 주셨다.

나의 삶은 백팔십도 변했다. 죽음 앞에서 영원한 생명을 주신 능력의 하나님을 믿기 때문에 모든 생활을 하나님께 맡기고

'오직 예수, 항상 예수'를 찾는 삶이 되었다.

성경 말씀에 비추어 내 안에 있는 비진리의 마음을 발견하는 즉시 버렸으며 세상에서 즐기던 것도 다 버렸다. 술을 끊었고, 바둑도 화투도 버렸다. 오직 금식하고 기도하며 성경을 읽고 마음에 새기며 행하는 것이 나의 일과요, 즐거움이었다.

하나님께서는 노동을 통하여 인내를 키우며 건강을 회복할 수 있게 하셨다. 또한 노동자들의 생활과 고충을 함께 겪으며 내가 만난 하나님을 간증하여 그들을 전도할 수 있게 하셨다.

책 가게를 운영하도록 인도하신 하나님께서는 진리 안에서 운영하면 놀라운 축복이 임한다는 것을 체험케 하셨다. 가게 운영에 대한 지혜와 경험을 쌓게 하고, 하나님 일꾼으로 쓰기 위해 훈련하신 것이다.

하나님께서는 많은 영혼에게 전도하도록 불같이 뜨거운 사랑을 주셨다. 또한 영혼을 사랑하는 마음을 가지고 믿음으로 간구할 때 갖가지 능력이 나타나게 역사하셨다. 온갖 질병으로 고통받는 이들을 위해 기도하면 깨끗이 치료됐다.

교통사고를 당해 의식불명이던 둘째 딸도 믿음으로 금식하고 기도하며 하나님께 맡겼다. 전지전능한 하나님을 믿기에 그런 용기를 낼 수 있는 것이다. 조금도 의심치 않고 믿었더니 병원에서 치료받는 것보다 빨리 완치되게 하셨다.

그 과정에서 우리 가족은 많은 핍박을 받았다.

"저 집은 유난스럽게 예수 믿네."

"병원에서 치료받으면 안 되나?"

그러나 이렇게 말한 사람들도 결국에는 하나님 역사를 보고 영광 돌리며 하나님을 믿게 되었다. 할렐루야!

악성 피부병이 있는 큰딸도, 뇌진탕으로 쓰러진 셋째 딸도 모두 기도로 깨끗이 나았다. 이처럼 세 딸에게 한 차례씩 생긴 사건은 하나님께서 우리 가족에게 더 큰 믿음을 주시기 위한 연단이었고, 그때마다 믿음으로 통과했다.

그 당시 우리 집 앞을 지나는 행인이라면 날마다 흘러나오는 행복한 웃음소리와 찬송을 들을 수 있었다. 이로 인해 자연스럽게 복음을 전하고 많은 영혼을 전도해 하나님께 영광 돌렸다.

"미영이네는 날마다 무엇이 그렇게도 좋은지 모르겠네요."

"예수 믿으면 기쁘고 즐겁답니다."

우리 집은 항상 많은 사람이 모여 시끌벅적했다. 아내의 음식 솜씨가 좋았기에 더더욱 그랬다. 구역 식구와 함께 모여 기도하고 찬송하며 성경을 읽고 사랑의 교제를 하니 다섯 명이던 구역원이 4, 5개월 만에 스물다섯 명으로 늘었다. 믿음과 사랑, 기도와 헌신으로 이룬 아름답고 귀한 열매이다.

오늘

나에게
남은 소망이 있다면
죽어 가는 수많은
영혼을 구원하는 것이다.

    욥기 8장 7절을 보면 "네 시작은 미약하였으나 네 나중은 심히 창대하리라"고 말씀하셨다. 또한 이사야 60장 1~3절에는 "일어나라 빛을 발하라 이는 네 빛이 이르렀고 여호와의 영광이 네 위에 임하였음이니라 보라 어두움이 땅을 덮을 것이며 캄캄함이 만민을 가리우려니와 오직 여호와께서 네 위에 임하실 것이며 그 영광이 네 위에 나타나리니 열방은 네 빛으로, 열왕은 비취는 네 광명으로 나아오리라"고 했다.

    놀라운 기사와 표적이 늘 넘치니 소문을 듣고 곳곳에서 갖가지 병든 사람과 여러 인생 문제를 지닌 사람이 밀려들었다. 죄의 담을 헐고 믿음을 내보이는 사람마다 응답과 축복을 받았다.

성도들은 날이 갈수록 충성하는 일꾼들로, 능력 있는 주의 종들로 변화했다. 매주 등록교인의 숫자도 놀랍게 늘고 등록하는 사람마다 빠르게 믿음이 자라 하나님께 영광을 돌렸다.

나는 무엇보다 먼저 기도하면서 주님께서 깨우쳐 주신 영적 말씀을 성도들에게 전하는 데 심혈을 기울였다. 말씀이 생명이 되어 성도들은 점점 진리로 변화하며 반석 같은 믿음을 가졌다.

하나님께서는 만민중앙교회가 멈추지 않고 꾸준하게 성장할 수 있도록 축복하셨다. 그리하여 우리나라뿐 아니라 전 세계적으로 기독교 성장이 둔화되는 추세에도 오히려 부흥 발전하며 앞서 가게 하신 것이다.

"앞으로 이 교회가 얼마나 더 발전할까!"

국내외 많은 주의 종이 우리 교회를 방문할 때면 진리와 은혜와 성령으로 충만하여 초대교회를 방불케 하는 성도들의 모습에 놀라 감탄을 아끼지 않는다.

성경 말씀을 직접 풀이받기 위해 금식과 철야하며 기도한 지 만 칠 년 만에 응답받았다. 하나님께서 직접 난해 구절을 풀어 주시니 그 기쁨은 이루 말할 수 없었다. 창세기, 출애굽기, 레위기, 욥기, 요한복음, 고린도전·후서, 요한일서, 요한계시록 등 중요한 부분은 이미 계시받았고 그 나머지 분야도 받고 있다.

천국에 대해서만도 대학노트 백여 페이지가 넘게 계시받아 책자로 발간했다. 영적으로 깊은 단계에 있는 사람이라 할지라도 한 분야만 알고 있는 경우가 많으므로 이 책자를 대할 때 성령이 기뻐 뛰는 것을 체험할 것이다.

하나님께서는 지금도 오직 기도하고 말씀 무장하여 놀라운 능력을 나타내도록 주관하신다. 그러므로 나는 성도들을 심방하며 사랑의 교제를 나누고 싶은 마음을 애써 절제하며 양해를 구한다.

마지막 때가 가까움을 알기에 하루하루가 참으로 귀하다. 날마다 하나님 뜻을 온전히 이루기 위해 몸과 마음, 뜻과 정성을 다해 달려간다.

하나님께서는 "사랑하는 종아, 네가 좋은 꼴을 먹이면 마지막 때에 다 구원받는 알곡이 되리라."고 말씀해 주셨다. 나에게 남은 소망이 있다면 죽어 가는 수많은 영혼을 구원하는 것이다. 그러므로 더욱 말씀 준비에 심혈을 기울인다.

목자의 사명을 온전하게 감당할 때 칭찬받는 종이요, 칭찬받는 양 떼요, 칭찬받는 교회가 될 줄로 믿는다. 그래서 오늘도 멈추지 않고 앞의 푯대만을 향하여 힘차게 달려가고 있다.

내 일

나는 무수한 영혼을
구원하기 위해
몸을 불사를 것을
결심했다.

"만세 전에 택한 종아! 삼 년 동안 말씀을 무장하고 나면 산 넘고 강과 바다를 건너다니며 기사와 표적을 행하리라."

하나님께서는 식언치 않는 분이다. 말씀 그대로 내가 삼 년 동안 말씀으로 무장했을 때 첫 부흥성회를 허락하셨다. 그 후 여러 차례 부흥성회를 인도하면서 진정 믿음 있는 사람을 찾아보기 힘들다는 것을 깊이 체험했다.

그래서 하나님께서 왜 마지막 때에 나를 주의 종으로 부르시고 세계 선교의 사명을 주셨는지 깨닫게 되었다. 하나님 말씀을 잘못 배운 사람들, 말씀을 제대로 알지 못하고 그 뜻을 분별하지 못한 채 방황하는 사람들, 뜻을 알지 못하므로 행치 못하는 사람들, 죽은 믿음을 가진 사람들 등 얼마나 많은 쭉정이가 있는가. 하나님을 믿는다면서 실상은 믿지 않는 사람들은 지옥으로 갈 수밖에 없지 않은가(마 3:12).

영원히 지옥에서 보내야 한다면 얼마나 끔찍스러운 일인가. 감사하게도 오래 참고 기다리시는 사랑의 하나님께서는 쭉정이를 변화시킬 수 있는 능력의 말씀을 주셨다.

무조건 믿으라는 것이 아니라 왜 예수 그리스도를 믿으면 구원을 얻는지 그 이유를 '십자가의 도'에서 자세히 풀어 주기 때문에 성도들은 구원받을 만한 믿음이 생겨나 알곡으로 변화하는 것이다.

하나님께서는 재림에 대해서도 매우 가까움을 알려 주시고, 휴거될 것과 천국의 처소와 상급, 면류관 등을 알려 주셨다. 나는 장차 올 영광을 알기에 더욱 열심히 사명 감당하며 무수한 영혼을 구원하기 위해 몸을 불사를 것을 결심했다. 이처럼 마지막 때에 무수한 영혼을 구원할 주의 종이 된 나에게는 세 가지 큰 사명이 있다.

나의 첫 번째 사명은 세계 선교를 이루는 것이다.

하나님께서는 때가 이르자 무한한 권능으로 함께하시며 세계 곳곳에서 목회자 세미나와 연합대성회를 인도하게 하셨다. 가는 곳마다 수많은 영혼이 모였고 놀라운 기사와 표적, 변화와 치료의 역사가 나타나 크게 영광 돌릴 수 있었다. 또한 하나님께서 인도하시는 대로 세계 곳곳에 선교사를 파송하고 지교회를 세워 무수한 영혼을 구원하는 일에 힘쓰며, 각종 매체 및 책자를 통해 국내는 물론, 해외에도 복음을 전파하고 있다.

세계 선교는 생각만 해도 기쁘고 즐거운 일이다. '산을 넘고 바다를 건너다니며 기사와 표적을 행하리라'는 말씀대로 우리 교회를 통해 앞으로 세계 선교를 더욱 드넓게 이룰 것을 믿음으로 바라보며 부단히 기도한다.

두 번째 사명은 영혼들을 알곡으로 변화시키는 일이다.

내가 초신자였을 때 어느 누구도 기도하는 법을 자세히 가르쳐 준 적이 없다. 하나님께서 사람을 왜 창조하셨으며 십자가에 달린 예수님께서 왜 우리의 구세주가 되시는가 등 기본적인 말씀조차 명확하게 깨우쳐 준 사람이 없었다. 신앙생활의 지름길을 몰라 답답하고 안타까운 일이 많았기에 나는 하나님 말씀을 이해하기 쉽고 자세하게 풀이해 주고자 노력한다.

"기도는 무릎을 꿇고 입을 크게 열고 중심을 바쳐 부르짖어 해야 합니다."

"기도하는 순서는 회개 기도, 원수 마귀 물리치는 기도, 감사 기도, 소원 기도를 하되 항상 하나님 나라와 의를 먼저 구하고 개인의 문제를 기도하면 넘치게 응답하십니다. 믿고 구한 것은 받은 줄로 알고 조금도 의심하지 말아야 합니다."

이렇게 기도 한 가지를 가르친다 해도 하나님 뜻을 바로 알게 하여 말씀대로 행할 수 있도록 도와준다. 선포되는 하나님 말씀에 생명력이 있으니 심령을 변화시켜 쭉정이가 알곡이 되는 역사가 무수히 일어난다.

나의 세 번째 사명은 신부 단장을 잘하여 다시 오실 주님을 맞기에 합당한 성도와 교회가 되도록 인도하는 것이다.

처음에는 말씀대로 살고자 해도 뜻대로 되지 않으나 열심히 노력하면서 기도할 때 말씀대로 실천할 수 있다. 그리하여 빛의 열매, 의의 열매, 성령의 열매가 맺히고 고린도전서 13장의 영적 사랑이 임한다.

이렇게 말씀과 기도로 성령 충만한 가운데 다시 오실 주님을 맞이할 수 있는 성도가 된다. 마태복음 25장에 보면 슬기로운 다섯 처녀는 등에 기름을 가지고 있으므로 신랑을 맞이할 수 있었지만, 미련한 다섯 처녀에게는 등은 있으나 기름이 없으므로 신랑을 맞이하지 못한다.

그러므로 우리는 기름 준비를 잘해야 한다. 기름은 곧 성령 충만과 기도를 의미한다. 항상 성령 충만해야 원수 마귀 사단의 세력을 이기고 승리의 삶을 얻을 수 있다. 그러기 위해서는 영적인 잠에서 깨어 항상 기도하며 신랑 되신 주님의 재림을 기다리는 지혜로운 신부가 되어야 한다.

나는 주님께서 공중 강림하실 때를 상상만 해도 기쁘다. 이 땅의 모든 짐을 내려놓고 영원한 신랑이신 주님을 맞이하니 얼마나 가슴 벅차고 멋질까? 세계 선교를 다 이루고 알곡으로 변화한 무수한 영혼들과 함께 들림받을 그때가 다가오니 얼마나 기쁜가!

모든 것에 감사를

저 아름다운 본향에서
하나님의
사랑받을
날을 위하여!

지나온 삶을 하나님께서 모두 주관하셨음을 깨달으니 감격하지 않을 수 없다. 요한복음 8장 29절에 "내가 항상 그의 기뻐하시는 일을 행하므로 나를 혼자 두지 아니하셨느니라"고 말씀하셨는데 바로 내가 그러한 축복을 받았다.

또한 "너는 베드로라 내가 이 반석 위에 내 교회를 세우리니 음부의 권세가 이기지 못하리라 내가 천국 열쇠를 네게 주리니 네가 땅에서 무엇이든지 매면 하늘에서도 매일 것이요 네가 땅에서 무엇이든지 풀면 하늘에서도 풀리리라"(마 16:18, 19)고 약속하시며 주의 종으로서 하나님의 크신 뜻을 이루도록 주관하시니 얼마나 감사한 일인가.

세계 선교의 큰 꿈과 많은 양 떼를 주시고 그들을 알곡으로 바꿔 주시는 하나님 사랑에 절로 눈물이 흐른다.

나를 전도한 둘째 누님은 실로 생명의 은인이다. 하나님을 부인하고 자신을 무시하는 동생을 어찌하든 전도하려고 간절히 기도로 매달린 누님! 나의 영혼과 병든 몸을 위해 눈물 뿌려 기도한 누님이 없었다면 어찌 오늘의 내가 있을까?

"아버지 하나님, 누님의 전도가 없었다면 저는 지금 어디서 무엇을 하고 있을까요? 생각만 해도 끔찍한 일입니다."

뿐만 아니라 나의 부모, 형제, 일가친척, 이웃에게도 감사드린다. 병든 나 때문에 속이 상하여 아픈 말을 하기도 했지만 그래도 누구보다 안쓰러워하며 입을 것, 먹을 것을 제공하고 물심양면으로 도와준 분들이다.

나의 고민을 알고 해결해 준 이웃들, 직장을 마련해 주며 새로운 삶을 찾도록 도와준 친구들에게도 감사드린다. 그들이 있었기에 하나님 뜻과 사랑을 깨달았다. 하나님을 알고 하나님의 사람으로서 새롭게 변화할 때 권면하고 인도하신 이영훈 목사님과 믿음의 식구, 신학교 교수님들, 함께 공부한 동기생, 선후배에게도 감사드린다.

슬픔과 고통을 함께하며 열심히 내조한 소중한 아내에게 감사하지 않을 수 없다. 이제는 만민기도원 원장으로서 밤낮 하나님께 부르짖어 기도한다.

소중한 삶 229

젊은 나이에 병든 남편 간호하느라 칠 년이란 세월을 보내고 가장 노릇까지 겸했으니 고통이 얼마나 컸으랴. 그러나 주님을 안 뒤 가난 속에서도 기뻐하고 어떠한 환난에서도 감사하며 열심히 기도했다. 이러한 희생적인 뒷바라지가 있어 오늘의 내가 있으니 그동안의 모든 수고와 인내와 기도에 감사할 뿐이다.

나는 가끔 개척 멤버들을 바라보며 무한한 감사와 소중함을 느낀다. 그래서 그들을 위해 때로는 사랑의 책망도 한다. 만민중앙교회를 세울 수 있도록 역사하신 하나님 뜻에 순종한 이들이니 얼마나 귀한가!

하나님께서는 만민중앙교회를 더욱 많은 영혼이 쉴 수 있는 큰 그릇으로 만들기 위해 기도 제물을 주셨다. 오직 몸과 마음과 뜻과 정성을 다한 기도로써 하나님 앞에 산 제물로 드릴 수 있는 사람을 뽑아 하나님 나라와 의를 위해 기도하게 하셨다.

기도 제물 회원은 모두 하나님을 만난 체험이 매우 크다. 그 사랑에 감사하여 아무런 보수 없이 기도에 전념하는 십자가 군병들이니 어찌 사랑이 가지 않겠는가. 오직 영혼 구원과 하늘나라 상급을 바라보고 충성하는 모든 이들에게 감사드린다.

아무리 목자가 열심히 이끈다 해도 양 떼가 순종하지 않으면 하나님 역사는 일어나지 않는다. 하나님께서는 만민중앙교회에 많은 양 떼를 주시되 하나님 뜻 가운데 불러 연단을 통하여 온전한 사람으로 변화시키신다.

많은 장로와 권사, 집사 등 대부분의 성도가 하나님을 지극히 사랑하므로 하나님 말씀대로 살기 위해 죄와 피 흘리기까지 싸워 버려 나간다. 전지전능하신 하나님을 믿기에 믿음으로 행하며 순종하고 죽도록 충성하는 것이다.

온전한 믿음을 찾아보기 힘든 마지막 때에 믿음으로 사는 성도들, 소망으로 기뻐하고 사랑하는 모든 이들에게 감사드린다. 일꾼 된 사람으로서 하루 세 시간 이상 기도 생활을 하며 충성하는 모든 성도에게 무한한 사랑과 감사를 드린다.

마지막으로 많은 주의 종들에게 감사드린다. '어찌하면 더욱 많은 알곡을 거둘 것인가' 하며 오직 기도와 충성으로 양 떼를 살피는 동역자들이다. 나의 손이 미치지 못하는 곳마다, 나의 발길이 닿지 않는 곳마다 부지런히 찾아가서 열정을 다해 사명을 감당하는 모든 주의 종에게 감사드린다.

우리에게는 하늘나라 소망이 있기에 영원한 상급을 바라보며 달려간다. 지금은 희미하나 밝히 느낄 그때를 향하여 소중한 사람들과 함께 날마다 힘차게 행진한다.

저 아름다운 본향에서 하나님의 사랑받을 날을 위하여!

7부

나의
사랑하는 사람아

이처럼 양 떼를 인도하는 목자로서
내게 주신 사명을 다 이루고
천국에 들어갔을 때
나에게 예비된 상급은 어떠할까?

나의 전부이신
아버지 하나님과 주님과
그곳에서 영원히 살 것을 생각하면
뜨겁게 차오르는 감동을
누를 길이 없다.

이 모든
영광을

하나님께서는
나의 기도와
간구를 들으시고
전지전능하심을 나타내셨다.

    1985년 1월 1일, 성전을 이전하고 처음 송구영신예배를 드린 성도들은 말할 수 없는 감격으로 기쁨이 넘쳤다. 개척 당시 성전에 앉을 자리가 없을 정도로 교회가 부흥하여 삼 년이 되기도 전에 200평의 넓은 성전으로 이전했으니 어찌 감사가 넘치지 않겠는가.

    성전 이전 과정이 마치 출애굽한 이스라엘 민족이 가나안 땅에 들어가기까지 사십 년 광야 생활을 거친 것과 같았기 때문에 더욱 감격스러웠다. 성도 수가 급격히 불어나 100평 이상의 본당이 필요하여 기도했는데 마침 적합한 곳이 나타났다. 낡기는 했지만 넓은 건물이었다.

그런데 계약을 앞두고 그 땅이 팔렸다. 새 주인은 건물을 철거하고 새로 빌딩을 짓는다고 했다. 하는 수 없이 다른 곳을 알아보았지만 근방에는 성도들을 수용할 만한 큰 건물이 없었다. 성전 이전을 위해 기도할 때 하나님의 말씀이 임하였다.

"빈 터에 가건물을 세우라. 세우면 무너질 것이요, 또 세우라. 또 무너지리라. 그러면 내 섭리가 나타나리라."

1984년 9월, 마침 주변 시장에 있는 단층 건물 옥상에 가건물을 지을 만한 빈 터가 있었다. 나는 성도들에게 가건물을 짓는 것이 하나님 뜻임을 설명하고 공사에 들어가게 하였다.

물론 현실적으로는 가건물을 짓고 성전으로 사용한다는 것이 어려운 일이었다. 법적으로도 허용되지 않았다. 그러나 하나님 말씀이기에 순종했고, 가건물을 세우면 무너질 것도 알았다. 성도들이 땀 흘려 블록 벽돌을 쌓으면 구청 철거반원들이 와서 순식간에 헐어 버렸다. 다시 세워 놓으면 그들도 다시 들이닥쳐서 무너뜨리고 갔다.

그러자 성도들 가운데 약간의 불평이 생겨났다. 우리를 인도하신 하나님께서 왜 가건물을 짓게 하시더니 철거당하게 하느냐는 것이다. 나는 온전하게 믿지 못하고 불평하는 성도들이 안타까워 간절히 기도했다.

"모든 것을 합력하여 선을 이루시는 하나님, 이러한 일에도 분명한 뜻이 있는 줄 믿으니 감사합니다. 많은 성도가 마음을 함께하게 하시니 감사합니다. 일부 성도는 왜 이런 일을 겪는지 이해하지 못해 불평합니다. 하나님 뜻을 알려 주시어 저들이 불평하지 않고 감사하며 믿고 따르도록 해 주시기 원합니다."

이 기도를 들으신 하나님께서는 그 뜻을 분명히 가르쳐 주시고 우리 길을 인도하셨다. 나는 하나님 뜻을 전했다.

"사랑하는 성도 여러분! '믿음은 바라는 것들의 실상이요 보지 못하는 것들의 증거'(히 11:1)라고 하셨습니다. 또한 하나님께서는 '너희가 여러 가지 시험을 만나거든 온전히 기쁘게 여기라 이는 너희 믿음의 시련이 인내를 만들어 내는 줄 너희가 앎이라 인내를 온전히 이루라 이는 너희로 온전하고 구비하여 조금도 부족함이 없게 하려 함이라'(약 1:2~4)고 하셨습니다."

"이스라엘 민족은 광야 생활을 통하여 놀라운 기적을 체험하고도 늘 하나님을 원망했습니다. 젖과 꿀이 흐르는 가나안 땅으로 인도하시려는 하나님의 뜻을 알지 못하고 믿지 못했기 때문입니다. 우리가 혹시 그렇지 않습니까? 하나님께서는 가나안 땅처럼 좋은 성전을 주실 것입니다. 오직 인내하며 감사하고 기뻐하면서 우리에게 다가온 믿음의 시련을 이기고 가나안 땅에 들어갑시다!"

일부 성도들의 불평도 사라지고 모든 성도가 합력하여 선을 이루시는 하나님을 바라보며 시간이 갈수록 더욱 간절하게 기도했다. 이 과정을 지켜보던 주민들도 "구청에서 꼭 저렇게까지 해야 하나?" 하며 오히려 교회 편이 되어 주었다.

주변 시장 상인들도 우리 교회에 나타나는 하나님의 역사를 자주 들어서 알고 있었던 것이다. 성도들은 이러한 과정을 겪는 사이 성전에 대한 마음이 뜨거워졌다.

그러던 어느 날, 놀라운 일이 일어났다. 하나님께서 처음 주셨던 땅, 그러나 새 주인이 건물을 지어야 하기 때문에 들어가지 못한 그 땅에 넓은 성전을 지어 놓고 우리를 들여보내신 것이다. 이러한 성전 이전 과정을 통해 하나님께서는 앞장서서 일하는 일꾼과 모든 성도의 믿음을 더욱 견고케 하셨다.

나는 잠언 8장 17절 말씀을 아주 좋아한다.

"나를 사랑하는 자들이 나의 사랑을 입으며 나를 간절히 찾는 자가 나를 만날 것이니라"

하나님을 사랑한다는 것은 계명을 지켜 실천하는 것이다(요일 5:3). 이 말씀을 붙들고 열심히 살았더니 약속하신 대로 하나님의 큰 사랑을 입게 하셨다.

또한 무슨 일을 만나든 결코 사람을 의지하지 않고 모든 것을 하나님께 기도로 맡기며 믿음으로 행했다. 그때마다 하나님께서는 나의 기도와 간구를 들으시고 전지전능하심을 나타내셨다. 놀라운 기사와 표적으로 함께하신 것이다.

어느 주일, 저녁 예배를 마치고 집에 돌아간 여집사님이 축

늘어진 어린 딸을 안고 급히 찾아왔다. 아파트 입구에서 길을 건너는 순간 달려오던 택시가 들이받았다는 것이다.

아이는 차에 받혀 붕 떴다가 7, 8미터 앞에 떨어져 그 자리에서 의식을 잃었다. 그러자 급히 병원으로 신고 가려는 운전기사에게 아이 엄마는 만민중앙교회로 가자고 했다.

"교회라니요? 의식이 없는 애를 교회에 데리고 가다니…. 가다가 죽습니다. 안 돼요!"

"우리 교회에 가서 목사님께 기도받으면 즉시 살아납니다."

"…"

"빨리 대방동으로 가세요!"

"정 그렇다면 저는 책임질 수 없습니다!"

사고를 낸 운전기사는 강요에 못 이겨 어쩔 수 없이 교회로 차를 돌렸다고 한다. 그는 겁에 질려 있었지만, 의식을 잃은 아이 엄마는 도리어 믿음으로 이기고 있었다.

"죽은 자를 살리시는 하나님! 믿는 자에게는 능치 못할 일이 없느니라 말씀하신 하나님, 이 시간 이 종의 간구를 들으시고, 또 집사님의 믿음을 보시고 이 어린 딸을 살려 주옵소서! 이 딸을 통하여 영광 받으옵소서."

내가 기도하는 동안, 아이의 차디찬 몸에 온기가 돌았다. 그래서 불안해하는 운전기사를 안정시키고 병원에 데려가도록 하였다. 얼마 뒤 연락이 왔다.

"기도받은 후 병원에 가는 중에 눈을 뜨고 의식을 회복했습니다. 검사 결과 아무 이상이 없다고 합니다!"

성도들은 다시 한 번 하나님께 영광 돌렸다. 믿음을 내보이고 기도할 때 죽어 가는 사람도 살 수 있다는 확신을 얻었다.

성전을 이전한 후에도 기사와 표적과 권능의 역사가 계속 나타났기에 수많은 사람이 소문을 듣고 밀려들었다. 그들은 체험을 통해 믿음이 빠르게 성장했다. 그러면서 교회 조직도 하나하나 체계가 잡혀갔다.

하나님께서는 아내를 만민기도원 원장으로 세워 영육 간에 병든 사람을 치료하고 하나님 나라를 위하여 불철주야 기도하게 하셨다. 만민선교원을 비롯하여 아동, 학생주일학교와 청년, 대학, 가나안 선교회가 있어 학원 및 직장 복음화에도 힘썼다.

주일에도 근무해야 하는 유통업과 요식업계 종사자로 구성된 빛과소금선교회와 기혼 남녀로 구성된 남녀장년선교회는 가정에서, 직장에서 사명을 감당하며 하나님 나라의 귀한 기둥들로서 교회에 충성 봉사하고 있다.

그분의
뜻대로

아버지 하나님과 주님과 그곳에서
영원히 살 것을 생각하면
뜨겁게 차오르는
감동을 누를 길이 없다.

하나님께서는 장차 내가 들어갈 천국의 처소와 상급에 대해 자세히 알려 주셨다. 듣기만 해도 놀라워 입이 다물어지지 않았다. 내가 행한 일에 비하면 너무나 큰 상급이기에 그 사랑에 감사하며 몸 둘 바를 몰랐다. 더욱더 하나님 뜻에 합당한 삶을 살 것을 다짐하였다.

그렇다면 하나님 뜻이란 무엇일까? 사람이 봄에 씨를 뿌리고 농작물을 경작하듯이 하나님께서도 이 땅에서 사람을 경작하신다. 농부는 추수 때 알곡과 쭉정이를 갈라 알곡은 곡간에 들이고 쭉정이를 불에 태우는데, 인간을 경작하시는 하나님 편에서도 마찬가지이다.

하나님께는 하루가 천 년 같고 천 년이 하루 같다(벧후 3:8). 엿새 동안 천지 만물을 창조하시고 이레째에 안식하신 것처럼, 육천 년간 이 땅에 사람을 경작하신 후에는 알곡 자녀를 천 년간 왕국에서 쉬게 하신다. 이후에는 백보좌 대심판을 통하여 하나님 뜻대로 살아간 의인들은 천국으로 들이시고, 그렇지 못한 악인들은 지옥으로 보내실 수밖에 없다.

하나님께서는 모든 사람이 구원받아 천국에 들어가기를 원하신다. 오직 하나님의 뜻대로 살아가며 내세에 상급을 받고 가장 아름다운 천국 새 예루살렘 성에 들어가기를 원하신다.

원래 하나님께서 창조한 사람은 에덴동산에서 하나님 뜻대로 순종하며 이루 헤아릴 수 없는 세월을 살았다. 그러니 인간 역사는 장구하다. 그런데 아담과 하와가 불순종하여 에덴동산에서 쫓겨났고 이때부터 영이 죽어 혼의 사람으로 살게 되었다. 하나님 뜻대로 사는 것이 아니라 자기 뜻대로 사는 것이다.

이들이 에덴동산에서 쫓겨난 이후 하나님께서는 사람의 죄악이 두루 퍼지고 그 생각과 모든 계획이 항상 악한 것을 보시고 물로 심판을 하셨다. 당대에 의인이자 완전한 노아와 그의 가족을 제외하고는 모두 멸망당하고 말았다.

그 후 세월이 흘러 믿음의 조상 아브라함이 태어났고 그의 손자 야곱의 열두 아들을 통해 이스라엘이 형성되었다. 하나님께서는 오랜 세월 시대마다 선지자 등을 통해 하나님 뜻을 전달

하며 사람을 경작하셨다. 율법으로 죄를 깨닫고 하나님의 심판 아래 있게 하신 것이다.

그리고 마침내 섭리 가운데 예수님께서 오셔서 구원의 길을 열어 주셨고 우리는 믿음으로 의롭다 하심을 얻게 되었다. 이렇게 인간 경작 역사는 계속되어 오늘날에까지 이르렀다.

이제 이 모든 과정을 마무리할 때가 다가오고 있다. 주님께서 다시 오실 때가 가깝고, 하나님께서 정하신 마지막 때가 거의 다 된 것이다. '하늘로 올리우신 예수가 하늘로 가심을 본 그대로 오시리라' 하였으니 우리는 주님의 재림을 준비해야 한다.

그러면 우리가 하나님 뜻대로 살려면 어떻게 해야 할까?

첫째로, 불같은 기도와 금식을 통해 악은 모든 모양이라도 버려 영의 사람이 되어야 한다.

사람은 영과 혼과 육으로 되어 있는데, 아담의 불순종으로 주인인 영이 죽고 혼이 사람의 주인 역할을 하게 되었다. 그러나 예수님을 마음 중심에서 구세주로 영접하여 성령을 선물로 받으면 죽은 영이 다시 살아난다.

하나님께서는 그의 자녀가 죄를 피 흘리기까지 싸워 버리고 악은 모든 모양이라도 버려서 온 영과 혼과 몸이 주님께서 강림할 때 흠 없게 보전되기를 원하신다(살전 5:22, 23).

영은 성령의 소욕을 좇아 하나님 뜻에 따라 살기 원하는 반면, 혼은 육체의 소욕을 좇아 마음대로 살기를 원한다. 따라서 불같이 기도하고 금식할 때 성령의 소욕을 좇아 나갈 수 있다. 이런 사람에게는 성령의 열매가 맺히고 영적 사랑이 임한다. 그리고 하나님과 깊게 교통하며 사랑을 주고받을 수 있다.

둘째로, 하나님 말씀에 순종하여 그대로 행해야 한다.

성경에 기록된 말씀에는 하나님 마음과 뜻이 담겨 있다. 그런데 성경을 보면 사람의 생각과 하나님 생각에는 다른 것이 많음을 알 수 있다. 예컨대, 하나님께서는 '섬기는 자가 큰 자'라고 말씀하셨는데 사람의 생각으로는 섬김을 받는 자가 큰 자이다. 그러니 하나님 마음과 뜻을 알기 위해서는 말씀을 가까이하여 주야로 묵상하며 배워야 한다.

내가 쌓아 온 지식이나 지혜, 경험이 하나님 말씀인 진리에 위배된다면 과감히 버리고 오직 진리대로 살아야 한다(고후 10:5). 이렇게 말씀으로 무장하면서 행할 때 성령의 음성을 밝히 들을 수 있다. 이러한 성령의 음성을 듣고 인도받아야 하나님께서 앞장서는 것이요, 곧 영의 사람이 되어 그분의 뜻대로 행할 수 있다.

셋째로, 하나님을 영화롭게 하는 사람이 되어야 한다.

하나님께서는 "너희가 먹든지 마시든지 무엇을 하든지 다 하나님의 영광을 위하여 하라"(고전 10:31)고 하시며 우리를 통하여 영광 받기 원하신다는 것을 알려 주셨다.

우리는 세상의 빛과 소금으로서 어둠을 밝히고 부패한 사회를 정화하는 사람이 되어 착한 행실로 하나님께 영광 돌려야 한다. 뿐만 아니라 하나님께서는 우리가 한 알의 밀알이 되어 많은 열매를 거두며 영광 돌리기 원하신다.

하나님께서는 행한 대로 갚아 주고 상 주시는 분이다. 예수님께서 오직 하나님 뜻에 순종하여 십자가 고난을 받으시니 하나님 보좌 우편에 앉는 영광을 주신 것을 볼 수 있다. 이방인에게 복음을 전하기 위해 말할 수 없는 핍박을 받은 사도 바울에게는 의의 면류관을 예비하셨다.

양 떼를 인도하는 목자로서 하나님께서 주신 사명을 다 이루고 천국에 들어갔을 때 나에게 예비된 상급은 어떠할까? 나의 전부이신 아버지 하나님과 주님과 그곳에서 영원히 살 것을 생각하면 뜨겁게 차오르는 감동을 누를 길이 없다.

끝이 없는
세계에서 영원히

영광의 그날을 바라보며
오직 푯대를 향하여
달려가리라.
"아멘 주 예수여, 오시옵소서!"

　사도 요한이 밧모 섬에서 하나님과 교통하며 계시받은 것같이 나도 외딴곳에서 하나님께서 주시는 말씀을 받은 적이 있다. 집 앞에는 강물이 유유히 흐르고, 뒤에는 산이 두르고 있으며 넓게 펼쳐진 밭에는 갖가지 곡식이 자라나는 곳이었다.

　워낙 인적이 드물어 자연경관이 그대로 유지되어 있었다. 배 타고 강을 건너면 불어오는 바람이 상쾌하고, 푸른 하늘을 나는 새들이 맑은 햇살 아래 진풍경을 연출했다.

　하나님께서는 한동안 그곳에서 말씀을 보며 기도에 전념하게 하셨다. 나는 그곳에 갈 때마다 서울에서 맛보지 못하는 싱그러움을 느끼며 아름다운 천국을 연상하곤 했다.

1984년 5월, 내 생일을 며칠 앞둔 날이었다. 금요일이면 하산해서 철야예배와 주일예배 설교를 해야 하는데, 그날은 하산하지 말고 금식하며 기도하도록 주관하셨다. 결국 삼 일 금식을 하면서 생일을 보냈다.

이때 하나님께서 천국에 대해 자세히 알려 주셨다. 하늘 문이 열리고 놀라운 계시를 주셨다. 월요일부터 한 주 동안 계속되었다. 그 기쁨은 이루 표현할 수 없었다. 마태복음 13장을 보면 천국에 대한 비유의 말씀이 자주 나온다.

"천국은 좋은 씨를 제 밭에 뿌린 사람과 같으니"
"천국은 마치 사람이 자기 밭에 갖다 심은
 겨자씨 한 알 같으니"
"천국은 마치 여자가 가루 서 말 속에 갖다 넣어
 전부 부풀게 한 누룩과 같으니"
"천국은 마치 밭에 감추인 보화와 같으니"
"천국은 마치 좋은 진주를 구하는 장사와 같으니"
"천국은 마치 바다에 치고 각종 물고기를
 모는 그물과 같으니"

이러한 비유가 아니면 우리가 아무리 성경을 보아도 천국에 대하여 알 수 없고 깨달을 수 없다. 하나님께서는 세상 끝에 천사가 와서 의인은 천국으로, 악인은 지옥으로 인도함을 알려 주기 위하여 여러 비유를 들어 말씀하신 것이다(마 13:49, 50).

우리가 영원한 천국을 자세히 아는 만큼, 다시 오실 주님을 맞이하기 위한 신부 단장을 잘하고 올바른 신앙생활을 하여 알곡 성도가 될 수 있다.

아무리 명예나 권세, 부귀영화를 누리고, 지식이 많아도 사람이 어디에서 와서 무엇 때문에 살며 어디로 가는지 알지 못하는 사람이 너무 많다.

그러나 예수 그리스도를 영접한 이들은 진정 자신을 낳아 준 분은 하나님이심을 안다. 왜냐하면 하나님께서 인간의 시조인 아담을 창조하시고 그에게 생명의 씨를 주어 후손이 생겨난 것을 믿기 때문이다. 또한 하나님께서 무엇 때문에 이 땅에 인간을 경작하시는지 알고 무엇을 하든지 오직 하나님께 영광 돌리는 삶을 사는 것이다.

하나님은 심은 대로 거두게 하시는 공의로운 분이다. 우리가 믿음을 심으면 천국을 거두게 하시되 얼마나 하나님 뜻대로 살았느냐에 따라 더 좋은 처소로, 더 좋은 상급으로 갚아 주신다.

이 땅에서 적당히 신앙생활 하다가 간신히 구원받은 사람과 하나님 앞에 죽도록 충성하며 순교에 이른 사람이 하늘나라에 갔을 때 같은 위치에서 같은 대우를 받는 것은 상식적으로 생각해도 공의롭지 못하다. 하나님 뜻대로 산 사람과 그렇지 않은 사람에게 똑같이 상 줄 수 없는 것은 당연한 이치가 아닌가.

"너희는 마음에 근심하지 말라 하나님을 믿으니
또 나를 믿으라 내 아버지 집에 거할 곳이 많도다
그렇지 않으면 너희에게 일렀으리라
내가 너희를 위하여 처소를 예비하러 가노니
가서 너희를 위하여 처소를 예비하면
내가 다시 와서 너희를 내게로 영접하여
나 있는 곳에 너희도 있게 하리라"(요 14:1~3)

"해의 영광도 다르며 달의 영광도 다르며 별의 영광도
다른데 별과 별의 영광이 다르도다"(고전 15:41)

나는 믿음의 분량에 따라 천국의 처소와 영광이 다르게 주어짐을 깨달았다. 어떤 사람은 해와 같이 빛나는 영광을 누리는 처소에 들어가는가 하면 어떤 사람은 달과 같이, 또 어떤 사람은 별과 같이 빛나는 영광을 누리는 처소에 들어가는 것이다. 여기서는 천국의 처소를 낙원, 1천층, 2천층, 3천층, 새 예루살렘으로 구분하여 전한다.

로마서 12장 3절에 "마땅히 생각할 그 이상의 생각을 품지 말고 오직 하나님께서 각 사람에게 나눠 주신 믿음의 분량대로 지혜롭게 생각하라"고 말씀하셨다. 또한 예수님께서 "너희가 어찌 믿음이 없느냐"(막 4:40) 또는 "믿음이 적은 자들아"(마 8:26)라고 책망을 하셨는가 하면, 백부장의 큰 믿음을 보시고 "이스라엘 중 아무에게서도 이만한 믿음을 만나 보지 못하였노라"(마 8:10)고 칭찬하셨다.

    요한일서 2장에는 믿음의 성장 과정을 자녀들의 믿음, 아이들의 믿음, 청년들의 믿음, 아비들의 믿음으로 구분했다. 여기서는 믿음의 크고 작은 분량을 다섯 단계로 나누어 차례대로 천국의 처소와 상급인 면류관에 대해 살펴보고자 한다.

    예수님께서 십자가에 달려 돌아가실 때 회개한 강도는 단지 예수 그리스도를 영접했을 뿐 죄악을 버리지 않았고 하나님 말씀대로 산 사람도 아니다. 죽기 직전 주님을 영접했을 뿐 하나님 나라와 의를 위해 수고한 것이 전혀 없기에 가장 낮은 처소인 '낙원'에 살게 된다(눅 23:43). 이처럼 간신히 구원받은 '믿음의 1단계' 사람들에게는 아무런 상급이 없다.

    아이들의 믿음은 구원받은 후 하나님 말씀대로 살려고 노력하나 온전히 행하지 못하는 '믿음의 2단계'를 말한다. 이들에게는 낙원보다 좋은 '1천층'이라는 천국 처소가 주어지며 죄를 싸워 버리려고 노력했으므로 경기하는 자가 받는 썩지 아니할 면류관을 받게 된다(고전 9:25).

    청년들의 믿음은 하나님 말씀대로 행하지만 마음의 성결을 이루지 못한 '믿음의 3단계'를 말한다. 이러한 믿음을 소유하면 '2천층'이라는 천국 처소가 주어지며 하나님께 영광 돌리는 삶을 살았기에 시들지 않는 영광의 면류관을 받게 된다(벧전 5:4).

아비의 믿음은 마음의 성결을 이루고 지극히 하나님을 사랑하는 '믿음의 4단계'와, 하나님을 지극히 사랑한 나머지 하나님을 기쁘시게 하는 '믿음의 5단계'를 말한다. 믿음의 4단계 성도들은 '3천층'이라는 천국 처소와 함께 생명의 면류관을 받게 된다(약 1:12 ; 계 2:10).

믿음의 5단계 성도들은 하나님 보좌가 있는 '새 예루살렘'에 들어갈 수 있다. 이들은 기본적으로 의의 면류관(딤후 4:8)과 금면류관(계 4:4)을 받으며, 그 외에 각자 행함에 따라 다양한 면류관을 받을 수 있다.

천국에서 낙원, 1천층, 2천층, 3천층, 새 예루살렘의 차이는 어마어마하다. 우리나라에도 섬, 산골지방이 있는가 하면 중소도시, 대도시가 있어 지역마다 생활의 차이가 난다. 마찬가지로 천국의 처소마다 하나님의 영광이 다르다.

만일 새 예루살렘에 사는 사람이 낙원에 간다면 그 사람의 영체에서 나오는 빛이 강하기 때문에 낙원에 사는 사람은 그를 쳐다볼 수 없다. 마치 옛날에 임금의 행차가 있으면 모두 엎드려 절했듯이 경배하게 된다. 또한 낙원에 사는 사람은 새 예루살렘에 마음대로 들어갈 수 없다. 천사들이 문을 지키고 빛이 다르기 때문이다.

천국 집은 어떠할까? 낙원에 사는 사람들은 믿음의 행함이 없었기 때문에 집을 따로 주지 않는다. 그러나 1천층부터 새 예루살렘까지는 각자의 행함대로 천사들이 지금도 갖가지 보석과 정금으로 아름답게 집을 짓고 있다.

천국은 눈에 보이지 않는 영의 세계이지만 우리가 사는 이 땅이 천국 모형도이기 때문에 연상해 볼 수 있다. 4차원이기 때문에 무게가 없는 듯 있는 영체로 살아가는 신비스럽고 영원한 세계이다.

천국의 정중앙에는 하나님과 어린양의 보좌가 있다. 거기서 생명수가 흘러나와 새 예루살렘, 3천층, 2천층, 1천층, 낙원을 차례로 돌고 다시 하나님 보좌로 흘러가며 계속 순환한다.

수정같이 맑은 생명수 강가에서 거닐 것을 상상해 보라. 금모래 은모래가 찬란히 반짝이는 모습은 얼마나 아름답겠는가! 물맛도 이 땅과는 비교할 수 없을 만큼 달콤하고 황홀하다.

맑은 유리 같은 정금길에는 먼지 같은 더러운 것이 전혀 없고 꽃길도 있어 그 위를 사뿐히 걸을 수 있다. 도적이나 악한 것이 전혀 없으며 사랑스러운 동물과 함께 뛰놀 수 있다. 천국의 동물들은 이 땅의 것보다 크고 온유하다. 하나님의 자녀를 보면 매우 반가워하며 온갖 재롱을 부려 즐겁게 한다.

열두 종류의 생명나무에는 크고 탐스런 과일이 늘 열려 있는데 맛과 모양이 다르다. 따먹으면 그 자리에서 똑같은 것이 다시 열리니 참 신비로운 일이다.

음식은 입으로 먹을 수도 있고 흠향할 수도 있다. 먹으면 맛을 느끼고 기분이 좋아지며 충만해진다. 그곳에는 화장실이 있을 리 없으니 어떻게 배설할까? 음식을 먹으면 즉시 분해되어 호흡할 때 밖으로 배출되고 향기로 있다가 사라진다.

천국에서 우리 모습은 예수님께서 부활하셨을 때 모습처럼 뼈와 살을 가지고 있되(요 20:27) 영과 혼과 썩지 않는 육으로 되어 있다. 예수님처럼 누구나 삼십삼 세의 모습으로 변화하지만 늙지 않고 영원토록 그 모습을 유지한다.

이 땅에서도 가장 아름다운 인생의 절정기라고 할 수 있는 시기가 바로 삼십삼 세 전후이다. 삼십 대는 얼굴이나 몸이 가장 성숙하는 때이며, 대부분 결혼해서 자녀를 낳아 길러 보기 때문에 우리를 이 땅에 경작하시는 하나님 마음도 어느 정도 이해할 수 있는 나이이다.

하나님께서는 친히 빚은 사람에 대하여 잘 아시기에 우리를 가장 아름다운 삼십삼 세의 모습으로 바꾸시는 것이다. 얼굴은 모두 백옥같이 희고 흠과 티가 없으며 영광의 광채가 난다.

천국에 대하여 더 깊이 알고자 기도하던 중에 하나님께서는 밝은 영감의 환상을 허락하여 천국에서의 영체를 느낄 수 있게 해 주셨다. 어림잡아 남자는 키가 약 190센티미터 정도, 여자는 그보다 작아 170센티미터를 조금 넘는 정도였다.

남자의 머리카락은 목선까지 길이로 일정하지만 여자는 상급에 따라 다르며 상급이 클수록 길고 척추 끝까지 내려오는 사람도 있다. 몸에 장애가 있는 사람이라도 천국에서는 모두 회복되어 온전해진다.

천국에서는 시집가고 장가가는 일은 없으나 이 땅에서의 아내, 남편, 자녀, 부모를 알아볼 수 있고 목자와 양 떼 사이도 알아볼 수 있다. 또한 영이 밝으니 모든 사람이 이 땅에서보다 수십 갑절 지혜롭다.

요한계시록을 보면 주님께서 금면류관을 쓰고 금띠를 두르셨는데 바로 하나님께서 주신 상급이다. 우리도 이 땅에서 얼마나 많은 영혼을 전도했느냐, 얼마나 하나님 앞에 정성껏 예물을 드렸느냐, 얼마나 충성 봉사를 했느냐에 따라 상급을 받는다.

그래서 주님께서는 "오직 너희를 위하여 보물을 하늘에 쌓아 두라 거기는 좀이나 동록이 해하지 못하며 도적이 구멍을 뚫지도 못하고 도적질도 못하느니라"(마 6:20)고 말씀하셨다.

천국에는 아름다운 보석이 헤아릴 수 없이 많다. 특별히 상급으로 받는 보석이 있어 빛나는 세마포 옷을 입고 그것으로 장식한다. 이 땅에서는 돈만 있으면 가질 수 있지만 천국에서는 하나님께서 주신 상급대로 소유할 수 있다.

성경에 보면 주님께서 다시 오실 때 구름을 타고 오신다고 했다. 호령과 천사장의 소리와 하나님의 나팔로 친히 강림하시는데(살전 4:16, 17), 이 구름은 우리가 세상에서 보는 것처럼 수증기로 인해 생성된 것이 아닌 영광의 구름이다.

천국의 구름은 하나의 장식품이다. 그러므로 3천층이나 새 예루살렘에는 하나님 자녀를 더욱 영화롭게 하기 위한 구름이 준비되어 있다. 구름을 타면 더욱 영이 충만해지는데 그 느낌을 우리 사람의 말로는 표현할 길이 없다. 게다가 천군 천사가 호위하며 시중을 드니 그 특권 역시 참으로 크다.

또한 천국에서는 다양한 잔치가 열린다. 그 자리에서 함께 기뻐하며, 이 땅에서의 삶을 한 편의 영화처럼 보며 이야기할 수 있다. 그뿐 아니라 우리가 상상할 수 없는 아름답고 신비로운 일이 매우 많다. 이렇게 아름다운 천국이 있기에 믿음이 있는 성도들은 신부 단장에 힘쓰며 주님께서 우리를 데리러 다시 오실 날을 기다리면서 살아가는 것이다(천국 상, 하 책자 참조).

마태복음 24장을 보면 예수님께서는 이스라엘의 독립을 무화과나무에 비유하여 "무화과나무의 비유를 배우라 그 가지가 연하여지고 잎사귀를 내면 여름이 가까운 줄을 아나니 이와 같이 너희도 이 모든 일을 보거든 인자가 가까이 곧 문 앞에 이른 줄 알라 내가 진실로 너희에게 말하노니 이 세대가 지나가기 전에 이 일이 다 이루리라"고 말씀하셨다.

또한 "그러므로 깨어 있으라 어느 날에 너희 주가 임할는지 너희가 알지 못함이니라 너희도 아는 바니 만일 집주인이 도적이 어느 경점에 올 줄을 알았더면 깨어 있어 그 집을 뚫지 못하게 하였으리라"고 교훈하셨다.

데살로니가전서 5장에는 "저희가 평안하다, 안전하다 할 그 때에 잉태된 여자에게 해산 고통이 이름과 같이 멸망이 홀연히 저희에게 이르리니 결단코 피하지 못하리라 형제들아 너희는 어두움에 있지 아니하매 그날이 도적같이 너희에게 임하지 못하리니 너희는 다 빛의 아들이요 낮의 아들이라 … 그러므로 우리는 다른 이들과 같이 자지 말고 오직 깨어 근신할지라" 했다.

사랑의 하나님께서는 성경 곳곳에 주님의 공중 강림이 가까워 옴을 알려 주셨다. 단지 그날과 그때를 정확하게 모를 뿐이다. 깨어 기도하며 하나님 뜻대로 살아가는 많은 주의 종과 성도들에게도 곧 가까이 문 앞에 이른 것을 알려 주고 계신다.

끝이 없는 영원한 세계에서 주님을 모시고 즐겁고 기쁘게 살 것을 생각하면 벌써 천국에 이른 듯 온 마음이 황홀경에 빠져든다. 영광의 그날을 바라보며 더욱 열심히 사명을 감당하고 오직 푯대를 향하여 달려가리라.

"아멘 주 예수여, 오시옵소서!"

죽음 앞에서
영생을 맛보며

초판 1쇄 발행 2019년 8월 2일

지은이 이재록
발행인 빈성남
편집인 빈금선

펴낸곳 우림북
등 록 1989년 4월 11일, 164-11-01027
주 소 156-848 서울시 동작구 여의대방로22길 73, 1층
전 화 02-851-3845, 070-8240-5611(편집)
　　　　02-837-7632, 070-8240-2072(영업팀)
팩 스 02-830-1844(편집), 02-869-1537(영업팀)

ISBN 979-11-263-0497-4 02230

Copyright ⓒ 2019 우림북
판권 본사 소유 | 파본은 교환해 드립니다.

우림

우림은 구약 시대에 대제사장이 하나님의 뜻을 묻기 위해
판결 흉패 안에 넣어 사용하던 도구 중의 하나이며,
히브리어로 '빛'이라는 의미가 있습니다(출애굽기 28:30).
빛은, 곧 하나님 말씀이며 생명입니다.
우림북은 온 누리에 참 빛을 비추고자 오늘도 기도와 정성으로 문서선교 사역에 앞장서고 있습니다.

www.urimbooks.com

www.ingramcontent.com/pod-product-compliance
Lightning Source LLC
LaVergne TN
LVHW011949060526
838201LV00061B/4263